Kleine Kölner Stadtgeschichte

edition colonia

Kleine Kölner Stadtgeschichte

edition colonia

2. Auflage

Autor: Klaus Teuber, Henriette Ruhm, Peter Cramer sen.
Einbandgestaltung: Peter Mebus
Layout & Satz: Sabine Rummel und Peter Mebus

Printed in Poland 2017

ISBN 978-3-939722-19-9

www.regionalia-verlag.de

Inhalt

Inhaltsverzeichnis 5

Vorwort 11

Ubische Siedler und römische Herrscher 13

Das Kölner Wappen 17
 Die Geschichte 17
 Die drei Kronen 17
 Die elf Tränen 18
 Das Wappen 16

Das mittelalterliche Köln 20

Franzosen und Preußen 25

Köln zwischen den beiden Weltkriegen
 Köln unter Oberbürgermeister Adenauer 31

Köln zur Zeit des Nationalsozialismus 36

Die Nachkriegszeit
 Wiederaufbau und Neugestaltung 39

Kölner Veedel 41
- Agnesviertel 41
- Bayenthal 42
- Belgisches Viertel 43
- Deutz 45
- Ehrenfeld 47
- Eigelstein 47
- Kwartier Lateng 48
- Marienburg 49
- Martinsviertel 50
- Mülheim 51
- Nippes 53
- Poll 54
- Südstadt 57

Bedeutende Sakralbauten 61
- Der Kölner Dom 61
  - Vorgeschichte 61
  - Erste Bauperiode 62
  - Zweite Bauperiode 63
  - Der Innenraum 64
  - Die Schatzkammer 65
  - Der Dreikönigsschrein 67

- St. Ursula 68
- St. Aposteln 73
- St Gereon 76
- Groß St. Martin 80
- St. Severin 81

Die Rheinbrücken ... 82
Mülheimer Brücke ... 82
Zoobrücke ... 84
Hohenzollernbrücke ... 86
Deutzer Brücke ... 88
Severinsbrücke ... 89
Südbrücke ... 91
Rodenkirchener Brücke ... 93
Leverkusener Brücke ... 95

Denkmäler ... 97
Praetorium ... 97
Römisches Nordtor ... 97
Römische Wasserleitung ... 98
Römerturm ... 98
Lysolphturm ... 99
Ubiermonument ... 99
Heumarkt und Alter Markt ... 99

Kulturtempel in Köln
Kölner Philharmonie ... 103
Das Kölner Opernhaus ... 104
Das Kölner Schauspielhaus ... 105
Volkstheater Millowitsch ... 106
Das Hänneschen-Theater ... 108

Berühmte Kölner Persönlichkeiten ... 110
Agrippinia, die Jüngere ... 110
Ferdinand Franz Wallraf ... 112

Die Ulrepforte

Jacques Offenbach ... 114
Willi Ostermann ... 116
Konrad Adenauer ... 119
Willy Millowitsch ... 123
Heinrich Böll ... 127
Trude Herr ... 130

Das Kölsche Grundgesetz ... 134

Typisch Köln ... 135
Kölsche Fasteleer ... 136
Echt Kölnisch Wasser ... 139
Der Heinzelmännchen-Brunnen ... 141
Kölsch, das »Kölner Nationalgetränk« ... 143

Typisch Kölsche Rezepte ... 145
Die Geschichte vom »Halven Hahn« ... 145
Halver Hahn ... 146
Kölsche Kaviar ... 147
Kölsche Äädäppelzupp ... 148

Die Autoren ... 149

Kölsch Lexikon ... 150

Register ... 158

Bildnachweis ... 160

Kölner Dom, Groß St. Martin und Deutzer Brücke

Vorwort

Köln, die Stadt mit dem besonderen Flair, reich besungen und viel geliebt, kann auf eine über 2000 Jahre alte Geschichte zurück blicken. Bereits die Römer fühlten sich hier zu Hause und so lebten im Kölner Stadtbezirk Menschen verschiedener Herkunft, wodurch sich eine ganz bestimmte Kölsche Mentalität entwickelte. Den Kölnern sagt man eine besondere Herzlichkeit, Toleranz und Hilfsbereitschaft nach. Aufgrund dieser Eigenschaften und wegen einer leichten, heiteren Lebenseinstellung der hier lebenden Menschen wird Köln auch gerne als »die nördlichste Stadt Italiens« bezeichnet.

Das berühmteste Wahrzeichen der Stadt ist ohne jeden Zweifel der Kölner Dom, der sich über das Panorama der Stadt erhebt.

Mit seinen 157,40 Metern Höhe ist er eine der meistbesuchten Touristenattraktionen weltweit und gehört zum Weltkulturerbe der UNESCO. Darüber hinaus kann die Rheinmetropole auf zahlreiche Kirchen in romanischer oder gotischer Baukunst aufwarten. Alle diese Kirchen sind einen Besuch wert und die Kirchenführungen ermöglichen es dem Besucher, mehr über die jeweilige Kirche zu erfahren.

Viele Museen (Wallraf-Richartz-Museum, Museum-Ludwig, Rautenstrauch-Museum, Museum für angewandte Kunst u.v.m.) bieten immer wieder besondere Ausstellungen an und laden den Kunstinteressierten zu einem Besuch ein. Zahlreiche Veranstaltungen in Theater, Oper, Schauspielhaus, Philharmonie und der neue Lanxess-Arena bilden einen krönenden Abschluss nach einem guten Essen in einem der vielen Kölner Restaurants.

Weil das Rathaus Kölns über den Ruinen des Praetoriums, dem Palast des römischen Stadthalters der Provinz Germania Inferior,

also an der gleicher Stelle, erbaut wurde, ist Köln die einzige Stadt Europas, die heute noch vom gleichen Platz regiert und verwaltet wird, wie ihr römisches Pendant vor 2000 Jahren.
Heute ist die Messe-Stadt Köln mit ihren 1.060.000 Einwohnern die viertgrößte Stadt Deutschlands, die größte Stadt Nordrhein-Westfalens und die größte Stadt am Rhein.
Dieses Buch beschäftigt sich nicht nur mit der historischen Entwicklung der Stadt, den wichtigsten Sakralbauten und Denkmälern, sondern auch mit der »kölschen Lebensart«.
Es ermöglicht einen Überblick auf die geschichtliche Entwicklung der Stadt und ihre Besonderheiten für die sogenannten »Immis« (Zugereisten), aber auch für den echten »Kölschen«, der mehr über sein geliebtes Köln erfahren möchte. Mit zum Alltag und der Lebensart der Kölner gehört natürlich auch »Kölsch«. Damit ist einerseits die »Kölsche Sproch« (Kölner Sprache/Dialekt) und andererseits das beliebte Bier gemeint. Nicht fehlen darf natürlich auch »die fünfte Jahreszeit«, der Kölner Karneval, dessen Beginn alljährlich am 11.11 um 11 Uhr 11 von jedem Kölner sehnlichst erwartet wird. An diesen »fünf tollen Tagen« steht Köln Kopf und jeder »kleine Stropp« (kleines Kind) kann die kölschen Lieder und Krätzchen mitsingen.
Also – Köln ist auf jeden Fall eine Reise wert und mit diesem Buch können Sie vorab schon viele interessante Dinge über die Geschichte der Stadt und ihre Bewohner erfahren.

Viel Spaß beim Lesen.

Ubische Siedler und römische Herrscher

Für Köln war die Römerzeit sicher eine der wichtigsten Epochen. Lange vor dieser Zeit lebten bereits verschiedene Volksstämme im Einzugsbereich des Kölner Stadtgebietes. Als erste Siedler werden die Kelten genannt, später der germanische Stamm der Ubier, die geschichtlich als Ureinwohner der Stadt betrachtet werden können. In der Zeit des Gallischen Krieges, als die Ubier noch auf der rechten Rheinseite sesshaft waren, hatte Julius Caesar linksrheinisch die Eburonen vernichtend geschlagen. Später überquerte er mit seinen Truppen zweimal den Fluss, zuerst, um feindlichen germanischen Stämmen eine Abreibung zu verpassen, und beim zweiten Mal, um die verbündeten Ubier gegen ihre Nachbarn zu verteidigen. Für diese Militäraktion wurden die ersten beiden festen Brücken über den Rhein errichtet. Auf Caesars Drängen hin siedelten die Ubier auf die linke Rheinseite über, und die Brücken wurden wieder abgerissen. Der Fluss stellte nun eine natürliche Grenze dar und bildete eine ideale Basis für die Eroberungszüge der Römer.

Die Römer und Ubier gründeten die Siedlung Oppidum Ubiorum (Stadt der Ubier) und bauten die neue Provinzstätte aus. Im Jahre 50 n. Chr. erhielt die Siedlung das römische Stadtrecht und den Namen Colonia Claudia Ara Agrippinensium (CCAA).

50 n. Chr

Mit der Ernennung zur Stadt kam der erste wirtschaftliche Aufschwung, Köln wurde zu einem wichtigen Verkehrsknotenpunkt und zu einer bedeutenden Basis für den Handel mit den Stämmen auf der anderen Rheinseite. Aus dem fernen Rom erhielt man Luxusgegenstände wie Parfüm und Öl, namhafte Künstler und Architekten schufen wundervolle Fußbodenmosaike und das beeindruckende Aquädukt, welches über eine Strecke von etwa 95 Kilometern frisches Wasser aus der Eifel in die Stadt brachte. Die Stadt wurde nach römischem Vorbild errichtet, es entstanden Thermen, Theater und repräsentative Tempel, die Straßen waren schachbrettartig angelegt, und sie verfügte über ein gut ausgebautes Kanalnetz.

355 n. Chr

Die Stadt entwickelte sich ständig weiter, bis die Franken 355 n. Chr. den Rhein überqueren konnten, Köln eroberten und das Umland plünderten. Dabei wurden Teile der prachtvollen Bauwerke zerstört. 356 n. Chr. konnte Caesar die Franken wieder über den Rhein zurückdrängen, trotzdem behielten die Franken größere Gebiete, und der Westen des Reiches wurde zunehmend germanisiert.
Große Stammesfürsten standen nun in römischen Diensten, welche die römischen Kaiser zu beherrschen wussten. Ende des 4. Jahrhunderts wurden alle Truppen vom Rhein abgezogen, um sie den Goten unter Alarich entgegenzustellen.

Durch den Abzug der Römer wurde Köln schutzlos, es begann eine Zeit des Niedergangs, und viele Bewohner flohen aus der Stadt. Kleinere Truppen von Franken zogen plündernd durch die Gegend, und schließlich wurde die Stadt von ihnen eingenommen.

480 n. Chr

480 n. Chr. wählte der heidnische Frankenkönig Sigibert Köln zur Hauptstadt seines Reiches. Der mit ihm verbündete Chlodwig siegte 497 n. Chr. bei einer Schlacht in der Nähe von Köln über die Alemannen und nahm aufgrund eines Gelübdes den christlichen Glauben an. Durch die Ermordung von Sigiberts Sohn Chloderich gelang

es ihm neun Jahre später, einen großen Teil des Rheinlandes und Köln in seinen Besitz zu bekommen, und kaum hundert Jahre später, nach dem Untergang des Weströmischen Reiches, erlangte Köln erneut große Bedeutung, und eine neue Blütezeit begann.

Römerturm

Köln – Heumarkt, St. Martin

Das Kölner Wappen

Die Geschichte

Ein Wahrzeichen der Stadt Köln ist auch ihr Stadtwappen. Wappen entwickelten sich im 12./13. Jahrhundert aus der Kennzeichnung militärischer Einheiten. Das Wappen war in der Regel auf dem Schild angebracht. Zu Beginn hatten nur Könige, Kaiser, Fürsten und geistliche Würdenträgen ein eigenes Wappen. Während des 13. Jahrhunderts erhielten dann auch Länder, Erzbistümer, Adlige und Ritter ihr Wappen. Zum Ende des 13. Jahrhunderts fanden auch die freien Städte Gefallen an dieser optischen Kenzeichnung.
In der heutigen lebt das Wappen im Siegel fort.

Die drei Kronen

Das Wappen der Stadt Köln ist im 13. Jahrhundert entstanden. Als Symbolik wählte die Stadt Köln einen rot-weißen Schild mit drei Kronen im roten oberen Feld - dem Schildhaupt - und unterhalb ein freies, weißes Feld aus. Die Stadt Köln war Mitbegründerin der Deutschen Hanse (Vereinigung deutscher Kaufleute), die als Erkennungszei-

Die Kronen des Kölner Stadtwappens

chen die Farben Rot und Weiß verwendete. Nicht nur im Kölner Wappen, sonderen in vielen Wappen der Hansestädte findet man heute noch diese Farben.

Die drei Kronen sollen an die Heiligen Drei Könige erinnern, deren Gebeine der Erzbischof Reinald von Dassel als Geschenk für Kaiser Friedrich I. Barbarossa 1164 nach Köln brachte. Mit der Wahl dieser Symbolik trägt die Stadt ihrem Ruf Rechnung, einer der bedeutendsten Wallfahrtsorte der christlichen Welt zu sein.

Die elf Tränen

Die elf Tränen, Tropfen oder Flammen im Kölner Stadtwappen

Die elf Tränen werden auch als Tropfen oder Flammen bezeichnet. Sie gehören seit dem 16. Jahrhundert zum Kölner Wappen und wurden als Erinnerung an die Heilige Ursula, der Stadtpatronin von Köln, hinzugefügt.
Der Legende nach war die Heilige Ursula (sie lebte im 4. Jahrhundert) eine fromme Tochter des Königs Maurus der Bretagne. Sie wurde auf einer Pilgerreise zusammen mit zehn jungfräulichen Gefährtinnen bei Köln unter Befehl von Attila, dem König der Hunnen, ermordet.

Das Wappen

Das Wappen von Köln ist in einem doppelköpfigen Adler mit Zepter und Schwert eingefasst. Die Adlerköpfe stehen für den Status als Freie Reichsstadt, den Köln 1475 offiziell erhielt.

Das älteste Kölner Wappen befindet sich im Chorfenster (Königsfester Nord V) des Kölner Doms und entstand zwischen 1304 und 1315.

Das mittelalterliche Köln

St. Maria im Kapitol

Während des Mittelalters war Köln die größte Stadt des Reiches und eine der bedeutendsten Städte Europas. Lediglich der anhaltende Kleinkrieg um die Vorherrschaft zwischen den Bürgern und den Bischöfen trübte hin und wieder die Lebensqualität der Kölner.

Erzbischof Bruno (953–965) war nach seinem Bruder, Kaiser Otto der Große, der zweitmächtigste Mann des Reiches, für die Stadt Köln beschaffte er zahlreiche Reliquien und gründete oder erweiterte verschiedene Kirchen und Klöster. Zahlreiche Pilger strömten in die Stadt, ebenso Geistliche und Künstler und mit ihnen Geld und Wissen, Kunsthandwerk und Unternehmungsgeist.

950

Um 950 wurde das Kölner Stadtgebiet zum Rhein hin durch das Aufschütten eines versumpften Rheinarms erweitert, und die Stadt öffnete sich noch mehr dem Handel. Langsam entwickelte sich das Bürgertum, eine zunächst wenig einflussreiche Schicht, die mit Handel und finanziellen Transaktionen viel Geld verdiente. Im Gegensatz zu den Adeligen und Geistlichen ging es ihnen nicht um Kriege, Ruhm oder universelle Ansprüche. Das Bürgertum bezog seine Einkünfte nicht mehr aus Grundbesitz, Stiftungen oder Steuereinnahmen, sondern aus den Erträgen von Handel oder Handwerk. Die freie Stadt wollte als „Handelsrepublik" vor allem durch ihr Kapital und ihre Märkte Macht ausüben.

Zunächst dominierten noch die hohen Geistlichen wie Erzbischof Pilgrim (1021–1036) oder Erzbischof Anno II. (1056–1075) die Belange der Stadt. Sie ließen weiterhin neue Kirchen erbauen, aber bereits unter Anno kam es 1074 zum ersten Bürgeraufstand, nachdem Anno ein Handelsschiff für sich hatte beschlagnahmen lassen. Der Erzbischof floh aus der Stadt, kehrte jedoch mit einem Heer zurück und schlug den Aufstand nieder. Dessen Anführer ließ er blenden. Es folgten turbulente Zeiten, und im Zuge der rheinischen Kreuzfahrerpogrome wurde 1096 auch das Kölner Judenviertel angegriffen.

1074

Drei Kronen am Gürzenich

In der folgenden Zeit wurde die Stadt in die Auseinandersetzung zwischen Kaiser Heinrich IV. und seinem Sohn Heinrich V. hineingezogen, der pikanterweise der Sohn des Kölner Erzbischofs Friedrich I. war. In dieser Zeit war es kaum mehr möglich, die Stadt zu erobern, da die Stadtmauern verstärkt und Köln zu einer gewaltigen Festung ausgebaut worden waren.

Im weiteren Verlauf gelang es den pfiffigen Kölner Bürgern oft auf geschickte Weise, den Kaiser gegen ihren Oberhirten – immerhin den mächtigsten Geistlichen des Reiches – auszuspielen. 1130
Um 1130 errichteten die reichen Patrizier ihr eigenes Rathaus, wel-

ches das erste in Deutschland war, und Köln zeigte nun auch stolz sein Stadtsiegel, das ebenfalls ein deutsches Novum war.

1164 raubte der Kölner Erzbischof, der ein treuer Gefolgsmann Friedrich Barbarossas war, die Reliquien der Heiligen Drei Könige und brachte sie von Mailand nach Köln, was ein nicht enden wollender Pilgerstrom für die Stadt zur Folge hatte und Köln weiter an Bedeutung zunehmen ließ.

Die Kölner Bürger indes blieben weiterhin sehr aktiv, suchten neue Handelskontakte und errichteten Handelsniederlassungen. 1179 hat-
1179 ten sie so viel Geld angehäuft, dass eine neue Stadtmauer errichtet werden konnte, die ein größeres Gebiet umfasste. Mit etwa 40.000 Einwohnern war Köln nun die größte Stadt im Reich. Die Stadt war nun so gut gesichert, dass Köln im Mittelalter kein einziges Mal eingenommen werden konnte. Nach einer Auseinandersetzung Philipps von Schwaben mit Otto IV. um die Kaiserkrone, aus der Philipp siegreich hervorgehen konnte, bestätigte er 1207 die Eigenständigkeit der Stadt – auch er hatte sie letztendlich nicht einnehmen können.

In den bewegten Zeiten des 12. und 13. Jahrhunderts erlebte Köln seine größte kulturelle Blüte, und am 15. August 1248 legte Konrad
1248 von Hochstaden den Grundstein für den neuen Dom, der für das große Selbstbewusstsein der Kölner bis heute symbolhaft an seinem Platz steht.

Albertus Magnus, ein großer Gelehrter seiner Zeit, lebte von 1248 bis 1280 überwiegend in Köln. Er war der Sohn eines schwäbischen Grafen und dem Dominikanerorden beigetreten. Durch ihn wurde Köln zu einem Zentrum mittelalterlicher Gelehrsamkeit, sein bedeu-

tendster Schüler war Thomas von Aquin.
Köln wuchs weiterhin, das eigentliche Gebiet der Stadt lag innerhalb der alten Stadtmauern, den heutigen Ringen, auf dem gegenüberliegenden Rheinufer gab es lediglich noch den Stadtteil Deutz. Doch auch innerhalb der Stadtmauern war das Gebiet nicht dicht besiedelt, noch bis in das 17. Jahrhundert hinein befanden sich hier sogar Weinberge. Für die damalige Zeit gut ausgebaute Fernstraßen und natürlich auch der Rhein verbanden Köln mit allen wichtigen Städten im »Heiligen Römischen Reich Deutscher Nation« und dessen Nachbarländern. Die Handelsbeziehungen nach Frankreich, Flandern und nach England waren rege, und über die Hanse und private Beziehungen gab es sogar Kontakte nach Polen und zum Baltikum.

Ein Großteil der wohlhabenden Bürger lebte in prachtvollen Patrizierhäusern, die Handwerker waren in Gilden zusammengeschlossen und übten großen Einfluss in den städtischen Belangen aus. Die übrigen Bewohner der Stadt setzten sich aus Bauern, Rheinfischern, Quacksalbern, Prostituierten und Aussätzigen zusammen, sie alle profitierten von dem großen Pilgerstrom, der sich täglich in die Stadt ergoss.

Gürzenich Aussenfassade

Die an sich reiche Stadt besaß zu dieser Zeit kaum gepflasterte Straßen, eine eher schlechte Wasserversorgung und so gut wie keine Kanalisation. Das antike Erbe der Römer war weitgehend vergessen und größtenteils überbaut worden. Damit waren nun auch einige zivilisatorische Annehmlichkeiten der Römerzeit verschwunden. Köln zählte in dieser Zeit zu den bedeutendsten Städten in ganz Europa, und innerhalb des Reiches blieb es weitgehend unbehelligt.

1348 1348 wurde Köln von einer verheerenden Seuche, der Pest, heimgesucht. Es wurde ein Sündenbock gesucht, und in der sogenannten Bartholomäusnacht (23. auf den 24. August) entluden sich Angst und Verzweiflung in einem schrecklichen Judenpogrom. Nach der Vertreibung siedelten sich die Juden auf der anderen Rheinseite in Deutz an, unter dem Schutz des Erzbischofs Dietrich von Moers bildeten sie hier eine neue Gemeinde. Bis dahin hatten die Juden über 1100 Jahre lang eine hoch angesehene Gemeinde unterhalten.

1388 1388 wurde die Universität zu Köln aufgrund einer Bürgerinitiative gegründet. Für dieses Vorhaben musste jedoch die päpstliche Erlaubnis von Urban VI. eingeholt werden. Die Kölner Universität ist die älteste bürgerliche Universität in der Welt, die nicht von einem Papst oder Kaiser gegründet wurde, und eine der ältesten Universitäten innerhalb Europas. Die anreisenden Studenten und Professoren verhalfen der Stadt zu noch mehr Geld und – nicht immer zur Freude der Stadtoberen – auch zu mehr Trubel.

1441 Zwischen 1441 und 1447 wurde der Gürzenich errichtet, ein Festsaal, der nach dem Namen der Patrizierfamilie Gürzenich benannt ist. Ab etwas 1645 wurde das Gebäude vorübergehend auch als Kaufhaus genutzt. Darüber hinaus wurde Köln 1475 freie Reichsstadt.

1618 Während des Dreißigjährigen Kriegs (1618 - 1648) blieb Köln neutral. Kölner Kanonen waren besonders begehrt, die besten und schwersten behielten die Kölner sicherheitshalber jedoch für sich.

Franzosen und Preußen

Zur großen Überraschung der Kölner standen 1794 auf einmal die französischen Revolutionstruppen vor dem Hahnentor und verlangten Einlass. Die Stadtoberen behielten jedoch einen klaren Kopf und öffneten freiwillig die bis dahin unbezwungenen Stadttore. Zuerst wurde die Stadt von den Revolutionstruppen beherrscht, später von Napoleon, alle Klöster und Stifte wurden säkularisiert, wobei einige Kirchenschätze verschwanden, aber es wurden auch viele veraltete Strukturen beseitigt. 1794

Hahnentor, Rudolfplatz

Am 28. April 1798 wurde die Universität von den Franzosen geschlossen, da sich die Kölner Professorenschaft zunächst weigerte, einen Eid auf die französische Republik zu leisten. Die Universität wurde daraufhin in eine Zentralschule umgewandelt. Ferdinand 1798

Franz Wallraf wurde Lehrer an dieser Schule, nachdem er schließlich doch noch den verlangten Eid leistete. Wallraf wurde zum Professor für Botanik und Naturgeschichte an der Medizinischen Fakultät ernannt und später zum Professor der Schönen Wissenschaften.

Die alten einflussreichen Zünfte wurden aufgelöst, wodurch neuen Industrien und aufstrebendem Handwerk Raum gegeben wurde.
Ein neues klares und fortschrittliches Gesetzeswerk, der Code civil, wurde eingeführt, der noch lange nach der Franzosenzeit (bis 1899) gültig sein sollte. Auch die Errichtung des Friedhofs Melaten, damals weit außerhalb der Stadtgrenze gelegen, verbesserte die hygienischen Verhältnisse in der Stadt. Zudem wurde die Universität kurzerhand geschlossen und sollte erst wieder 1919 zum Leben erweckt werden.

Ferdinand Franz Wallraf

Die Franzosen sorgten auch dafür, dass ab 1798 die Juden wieder im Stadtgebiet siedeln durften, und 1802 wurde mit der Antoniterkirche das erste protestantische Gotteshaus eröffnet. Die beiden Bevölkerungsgruppen sorgten als Unternehmer, Kaufleute und Bankiers für frischen Wind in der Stadt. Seit 1801 gehörte das Rheinland nun zum französischen Staatsgebiet, und alle Bürger erhielten, ob sie wollten oder nicht, die französische Staatsbürgerschaft. 1803 wurde durch Napoleon die Errichtung von Handelskammern in ganz Frankreich angeordnet, die erste Kammer, die auf »deutschem« Boden gegründet wurde, war die Chambre de Commerce in Köln. 1814, nach der verlorenen Völkerschlacht bei Leipzig, war mit dem französischen Gastspiel Schluss, und die Franzosen zogen ab.

1815

1815 auf dem Wiener Kongress wurden die rheinischen Gebiete den Preußen zugesprochen, viele französische Reformen wurden jedoch beibehalten, und die Stadt erlebte eine weitere große Blütezeit. Um 1800 lebten in der Stadt etwa 40.000 Menschen, 1888 waren es bereits 200.000 und 1914 650.000 Einwohner, seit Mitte der Siebzigerjahre liegt die Bevölkerungszahl relativ konstant um die Millionengrenze.

Europa nach dem Wiener Kongress 1815

Bedingt durch die stark anwachsende Einwohnerzahl betrieb man eine durchdachte Stadtplanung, was zu dieser Zeit nicht selbstverständlich war. Um den alten Kern der Stadt wurden Ringstraßen gebaut, und zu den nördlich und westlich gelegenen Stadtteilen wurden große, gerade Ausfallstraßen konzipiert.

Auch der Fernverkehr wurde weiterentwickelt, und ab 1825 fuhr der erste Dampfer auf der Linie Köln–Rotterdam–Antwerpen. 1839 fuhr die erste Eisenbahn durch Köln, und zwanzig Jahre später entstand der »Centralbahnhof« zusammen mit einer Brücke, die jedoch nicht lange der Belastung standhielt, woraufhin die Hohenzollernbrücke errichtet wurde.

Darüber hinaus war 1839 nicht nur der Beginn der Kölner Eisenbahn, sondern Franz Stollwerk gründete auch seine erste Kölner Firma, aus der 1860 seine weltberühmte Schokoladenfirma hervorging.

1842

Von 1842 bis 1843 lebte Karl Marx in Köln und schrieb hier für die radikale »Rheinische Zeitung«, bis sie 1843 von den Preußen verboten wurde. Marx kehrte mit Friedrich Engels fünf Jahre später wieder nach Köln zurück, um mit ihm zusammen die »Neue rheinische Zeitung« herauszugeben. Wiederholt rief Marx in den kommenden Jahren zum Klassenkampf auf, die revolutionären Aktivitäten scheiterten jedoch in Köln und endeten unblutig, was nicht zuletzt auf die allgegenwärtige Anwesenheit des preußischen Militärs zurückzuführen ist.

Karl Marx

1823

Nicht übergehen darf man das Jahr 1823, welches für Köln ein besonders wichtiges Datum darstellt. In diesem Jahr wurde das Festordnende Comitee gegründet, und es fand der erste organisierte

Narrenschiffbrunnen, Südstadt

Rosenmontagszug statt, der seitdem nur 33 Mal aus wichtigen Gründen nicht stattgefunden hat. Ein neues Stadttheater wurde errichtet und größere Grünanlagen angelegt.

1842

All diese Ereignisse wurden jedoch vom Weiterbau des Domes überstrahlt, der 1842 wieder aufgenommen wurde. Am 23. Juli 1880 wurde der Nordturm fertiggestellt.

Köln zwischen den beiden Weltkriegen

Köln unter Oberbürgermeister Adenauer

Konrad Adenauer

Der Kölner Konrad Adenauer wurde 1917 Oberbürgermeister seiner Heimatstadt. Vieles, was er in die Wege leitete, prägt bis heute das Leben in Köln. Gleich zu Anfang seiner Amtszeit musste er schwierige Situationen meistern, da im Herbst 1918 immer klarer wurde, dass das Reich den Ersten Weltkrieg verlieren würde. Überall in Deutschland kam es zu Arbeiter- und Soldatenunruhen, und auch in Köln war die Bevölkerung in aufgeheizter Stimmung. Trotz all dieser Wirrnisse ging die Stadt weiter daran, an Modernisierung und Industrialisierung zu arbeiten. Die von den Franzosen geschlossene Universität wurde 1919 nach 120 Jahren wiedereröffnet und beherbergte nun eine Weiterentwicklung der Handelshochschule. 1919
Schon kurze Zeit nach ihrer Gründung zählte die Hochschule zu einer der größten ihrer Art in Preußen.

Eines der zahlreichen Bauvorhaben Kölns war auch die Errichtung des Hansahochhauses (1924/25), welches mit seinen 65 Metern das 1924
höchste Haus in Europa war.

Hohenzollernbrücke, 1930er Jahre

Ein weiteres wichtiges Projekt stellte der Bau der Mülheimer Brücke dar, wodurch die Innenstadt mit der aufstrebenden rechtsrheinischen Industrie verbunden wurde. Der Brücke sollte jedoch nur ein kurzes Leben beschieden sein, da sie im Oktober 1944 als erste der Kölner Brücken bei einem Luftangriff zerstört wurde.

Dank der Emsigkeit Adenauers wurden die von den Preußen für militärische Zwecke genutzten Flächen rund um die Stadt in Naherholungsgebiete umgewandelt. Im sogenannten Grüngürtel entstanden zur Freude der Kölner Sportanlagen, Liegewiesen, Spielplätze, Seen und Weiher. Von den früheren Festungsanlagen der Preußen sind in der Grünanlage am Neusser Wall noch das Fort X »Prinz Heinrich« und das Fort IV im Volksgarten erhalten geblieben.

1929

Im Winter 1929/30 spürte Köln die Folgen der aufkommenden Wirtschaftskrise. Adenauer versuchte, dem entgegenzuwirken, indem er weitere Grünflächen ausbauen ließ und durch die Schaffung preiswerten Wohnraums Arbeitsplätze sicherte. Auch die Entstehung der Kölner Ford-Werke ging weitgehend auf Bestrebungen Konrad Adenauers zurück. Das erste Modell, das die Werkhallen verließ, war ein Ford Typ A namens »Rheinland«. Auch der Bau der ersten Autobahnstrecke Köln–Bonn erwies sich als Erfolg für den Kölner Einzugsbereich.
Die Autobahn wurde jedoch später von den Nationalsozialisten wieder zur »Landstraße« erklärt, damit sie den Ruhm, die erste Autobahn gebaut zu haben, für sich verbuchen konnten.

Trotz seines großen Engagements war Adenauer für manche ein unbequemer Zeitgenosse. Bereits 1931 geriet er mit der SA aneinander, da er aufgehängte Hakenkreuzfahnen kurzerhand von den

Rheinbrücken entfernen ließ. Wegen verschiedener Auseinandersetzungen und nicht zuletzt wegen seiner Standhaftigkeit wurde er 1933 von den Nationalsozialisten seines Amtes enthoben, das er sechzehn Jahre lang mit großem Elan ausgeübt hatte. 1949 konnte Adenauer jedoch 73-jährig als erster deutscher Bundeskanzler wieder auf die politische Bühne zurückkehren. 1933

Mülheimer Schiffsbrücke, 1888

Köln zur Zeit des Nationalsozialismus

1933 Nach der Machtergreifung der NSDAP kam es am 5. März 1933 zur Reichstagswahl, welche die Nationalsozialisten durch Propaganda und durch die Verhaftung verschiedener Politiker klar für sich entscheiden wollten. Trotz dieser massiven Einflussnahme konnte die NSDAP in Köln lediglich 33,1 Prozent der Stimmen auf sich vereinigen und lag damit deutlich unter dem Reichsdurchschnitt von 43,9 Prozent.

Daraufhin wurden weitere unliebsame Politiker aus ihren Ämtern gedrängt und die bis dahin angesehene »Kölnische Zeitung« als Propagandamittel eingesetzt.

Nicht nur Konrad Adenauer, der sofort nach der Machtergreifung abgesetzt wurde, sondern auch viele andere Kölner lehnten das Gedankengut der Nationalsozialisten ab. Trotzdem unterschied sich Köln in dieser Zeit nicht von der allgemeinen Stimmung, und so
1934 wurde Hermann Göring bereits 1934 Ehrenbürger der Stadt, es folgten Hitler, Goebbels und andere.

Viele Vereine schlossen die jüdischen Mitbürger als Mitglieder aus, noch bevor dieses Pflicht wurde.
In der folgenden Zeit wurden jüdische Wohnungen und Häuser beschlagnahmt, es folgten Internierung und Deportation in die Vernichtungslager, all dies wurde hingenommen – jedoch nicht von allen.

Nach und nach formierte sich wie auch in anderen Städten in Köln der Widerstand. Es kam unter anderem zur Gründung der Gruppe der „Edelweißpiraten". Die Edelweißpiraten waren im gesamten Reich aktiv, schwerpunktmäßig jedoch im Rhein-Ruhr-Gebiet. Die Mitglieder bestanden hauptsächlich aus Jugendlichen zwischen vierzehn und siebzehn Jahren, ihr Erkennungszeichen war ein Edelweiß oder eine edelweißfarbene Stecknadel am Jackenkragen. In Köln lieferten sich die Edelweißpiraten im September 1944 mit der Polizei und der Gestapo ein zwölfstündiges Gefecht am Großen Griechenmarkt, und die Obrigkeit schlug brutal zurück. Der letztendliche Plan der Edelweißpiraten, die Flucht verantwortlicher Parteigenossen und Gestapo-Beamten zu verhindern und sie dann den Amerikanern zu übergeben, konnte nicht realisiert werden.

1942

Angefangen am 1. März 1941 bis zum 2. März 1945 wurde Köln ständig von Fluggeschwadern angegriffen, und in der Nacht zum 31. Mai 1942 kam es zum ersten »1000-Bomben-Angriff« der Briten, wodurch die Innenstadt in ein Trümmerfeld verwandelt wurde. Im Juni 1943 waren etwa 230.000 Kölner ohne Wohnung. Vor Kriegsbeginn lebten in Köln etwa 770.00 Einwohner, bei Kriegsende waren es gerade einmal 40.000, rund 20.000 Kölner waren bei den Luftangriffen ums Leben gekommen, die anderen hatten aus Angst vor den Angriffen die Stadt verlassen.

Während der Angriffswellen wurden von 10.000 Flugzeugen mehr als 1,5 Millionen Bomben auf Köln abgeworfen, und noch heute werden bei Bauarbeiten immer wieder Bomben gefunden, die entschärft werden müssen. Als die amerikanischen Truppen in Köln einmarschierten, lag die Stadt in Schutt und Asche, etwa 70 Prozent des Wohnraums in Köln war zerstört worden.

Kölner Dom und Umgebung ca. 1950/1952

Die Nachkriegszeit

Wiederaufbau und Neugestaltung

Nach dem Krieg blieb den Kölnern nichts anderes übrig, als die Ärmel hochzukrempeln und zuzupacken, die meisten Straßen waren verschüttet und teilweise unpassierbar, alle Rheinbrücken waren zerstört. Die gesamte Infrastruktur, Stromnetz, Telefon und das Kanalnetz waren nicht mehr zu benutzen.

Sofort nach dem Kriegsende begann man mit dem Wiederaufbau, und das mit beeindruckendem Tempo. 1949 fand der erste Rosenmontagszug unter dem Motto »Mer sin widder do un dunn wat mer könne« statt.

Am 1. August 1947 wurde den Bürgern von Köln ein Wiederaufbauplan vorgelegt, der sich an den alten Strukturen orientierte und durch einige verkehrserweiternde Maßnahmen ergänzt wurde. Die historischen Gebäude sollten so weit wie möglich renoviert beziehungsweise rekonstruiert werden. 1947

Das Kölner Erzbistum wurde in dieser Zeit von Josef Kardinal Frings geleitet, der dieses Amt von 1942 bis 1969 innehatte. Er verstand die Nöte der Bevölkerung und erlaubte in seiner Silvesterpredigt im strengen Winter ausdrücklich den Diebstahl lebenswichtiger Güter, solange der Bestohlene dadurch nicht selbst in eine Notlage gebracht würde.

Auszug aus seiner Predigt:

„Wir leben in Zeiten, da in der Not auch der Einzelne das wird neh-

men dürfen, was er zur Erhaltung seines Lebens und seiner Gesundheit notwendig hat, wenn er es auf andere Weise, durch seine Arbeit oder durch Bitten, nicht erlangen kann."

Die Kölner nahmen diese Aussage gerne an und »fringsten« von nun an Kartoffeln, Zuckerrüben, Weißkohl und nicht zuletzt Briketts.

Nachfolger von Frings wurde Josef Kardinal Höffner, der von 1969 bis kurz vor seinem Tod 1987 Erzbischof der Stadt war. 2003 wurden er und seine Schwester vom Staat Israel mit dem Ehrentitel »Gerechte unter den Völkern« ausgezeichnet, die höchste Auszeichnung, die von Israel an Nichtjuden vergeben werden kann.
Nachfolger von Höffner wurde nach einigen Turbulenzen Joachim Kardinal Meisner. Seine Amtseinführung fand im Februar 1989 statt.

Kölner Veedel

Agnesviertel

Eigelsteintor mit dem »Kölsche Boor«

Das Agnesviertel liegt zwischen dem Ebertplatz und der Inneren Kanalstraße, seinen Namen verdankt es einem Mann namens Peter Josef Roeckerath, der am 20. November 1896 den Bau der Kirche St. Agnes veranlasste. Bis zu diesem Zeitpunkt waren hier nur ein paar Bauernhöfe und Kappesfelder (Kohlfelder), damals noch vor den Toren der Stadt Köln gelegen.
Roeckerath war ursprünglich Religionslehrer gewesen und Vater von zwölf Kindern, später arbeitete er als Grundstücksmakler, da sich mit

diesem Beruf mehr Geld verdienen ließ, um seine vielköpfige Familie zu ernähren.

Seine Frau Agnes war die wohlhabende Tochter eines Bauern, und als sie mit nur 44 Jahren starb, stiftete Peter Josef Roeckerath mit dem Geld und dem Grundbesitz seiner Frau ihr zu Ehren die Pfarrkirche St. Agnes.

St. Agnes ist nach dem Dom die größte Kirche Kölns und wurde nach den Plänen der Architekten Carl Rüdell und Richard Odenthal erbaut. Das Agnesviertel mit seinen schönen Häusern ist heute eine beliebte, wenn auch nicht preiswerte Wohngegend.

Bayenthal

Bayenthal grenzt zum Osten hin an den Rhein, im Süden an Marienburg, zum Westen hin an Raderberg und im Norden an die Neustadt-Süd. Noch bis 1830 bestand Bayenthal aus nur drei Häusern, erst zur Mitte des 19. Jahrhunderts begann eine intensive Bebauung, was mit der Gründung der „Kölnischen Maschinenbau AG" im Jahr 1856 zusammenhing. Bereits kurze Zeit später beschäftigte die Fabrik tausend Arbeiter, und ein Teil des Stadtteils wurde mit Einfamilienhäusern bebaut.

Bayenthal war einer der ersten Stadtteile Kölns, die mit einer Pferdestraßenbahn an die Innenstadt angeschlossen wurden. Seit 1975 ist Bayenthal ein Teil des Stadtbezirks Köln-Rodenkirchen. Im Zentrum von Bayenthal steht die Pfarrkirche St. Matthias, die 1904 eingeweiht wurde.

Ein wichtiger Beitrag zur Kultur wird hier durch das „Literaturhaus Köln" geleistet, welches Anfang 2007 vom Kölner Mediapark nach Bayenthal umsiedelte. Das Literaturhaus wurde 1996 von Bürgern gegründet und ermöglicht den Kontakt zu Autoren und literarischen Themen. Bekannte Schriftsteller wie Salman Rushdie und Umberto Eco waren hier schon als Gast und damit ist das Literaturhaus neben der lit.COLOGNE ein wichtiger Treffpunkt für Lesebegeisterte.

Patrizier-Häuser im Belgischen Viertel

Belgisches Viertel

Das Belgische Viertel befindet sich zwischen der Venloer Straße, der Aachener Straße, dem Grüngürtel und dem Inneren Ring. Seinen Namen hat es von den vielen Straßennamen belgischer Städ-te. Rund um den Brüsseler Platz locken viele Kneipen, Restaurants und Galerien. In der Nähe des Belgischen Viertels befindet sich auch der Melatenfriedhof, der sicher Kölns interessantester Friedhof ist. Mit seinem alten Baumbestand und teils aufwendigen Grabmälern ist er weit über die Stadtgrenzen hinaus bekannt. Über seinem Haupteingang ist die Inschrift »Transi non sine votis mox noster« angebracht (Geh nicht vorüber ohne fromme Gebete, du, bald der Unsrige). Zahlreiche Grünflächen wie die um den quadratisch angelegten Aachener Weiher, einem künstlich angelegten See im Süden des Belgischen Viertels, laden im Sommer zum Sonnen, Joggen oder Grillen ein. Auf der Westseite des Aachener Weihers befindet sich seit 1977 das »Museum für Ostasiatische Kunst«. Entworfen wurde es von dem weltberühmten Architekten Kunio Mayekawa. Neben dem Aachener Weiher befindet sich im Norden des Viertels der Stadtgarten, der als grüne Oase gern für einen Spaziergang genutzt wird.

Das Belgische Viertel ist besonders bei Studenten und sogenannten

St. Michael, Brüsseler Platz

»Imis« beliebt, womit der Kölner Zugezogene, also nicht in Köln Geborene bezeichnet wird.

Deutz

Deutz liegt auf der rechten Rheinseite, der sogenannten »schäl Sick«, und diente in früheren Zeiten den Römern als Festung. Es grenzt im Osten an die Stadtteile Kalk und Humboldt/Gremberg, im Süden an Poll und im Westen und Nordwesten an den Rhein, im Nordosten an den Stadtteil Mülheim.

Wer heute eine schöne Aussicht auf Köln haben will, kann sich auf die Besucherplattform des Hochhauses »KölnTriangel« begeben, welches 2004 fertiggestellt wurde. Mit 29 Etagen auf 103,2 Metern ist es das höchste Gebäude auf der „schäl Sick". Noch vor der Eröffnung

Triangel

mischte sich die UNESCO in die Planung ein, da die Organisation das Hochhaus als zu große Konkurrenz zum Kölner Dom ansah. Sie drohte damit, dem Dom den Status als Weltkulturerbe abzuerkennen, letztendlich konnte jedoch eine Einigung erzielt werden. Wer Ruhe und Entspannung sucht, findet diese im »Rheinpark«. Die großzügige Grünanlage entstand unter Kaiser Wilhelm II. und wurde anlässlich der Bundesgartenschau 1957 auf eine Fläche von 480.000 Quadratmeter erweitert. Auf dem Gelände befindet sich der »Tanzbrunnen«, eine Freilichtbühne, auf der Konzerte und ähnliche Veranstaltungen stattfinden.

Deutz besteht im alten Stadtkern aus engen Straßen mit vorgelagerten Wohn- und Gewerbeflächen und ist seit 1888 ein Stadtteil von Köln. Heute leben etwa 16.000 Menschen in diesem Bezirk.

Das Neptunbad in Ehrenfeld

Ehrenfeld

Ehrenfeld umfasst die sechs Stadtteile Bickendorf, Bocklemünd/Mengenich, Ehrenfeld, Neuehrenfeld, Ossendorf und Vogelsang. In dem Bezirk leben etwa 105.000 Einwohner auf einer Fläche von 23,83 Quadratkilometern.

In der Nachkriegszeit wuchs das Viertel zu einem bedeutenden Industriestandort heran, und so kamen viele Industrie- und Gastarbeiter verschiedener Nationen nach Ehrenfeld.
Als der Platz für Fabriken im Laufe der Zeit zu eng wurde und man auf angrenzende Gebiete ausweichen musste, vollzog sich nach und nach ein Strukturwandel, Arbeitslosigkeit machte sich breit, und die alten Fabrikgebäude verwahrlosten zusehends.
Das heutige Ehrenfeld umfasst Wohngebiete, Industriedenkmäler und Einkaufsstraßen und präsentiert sich als Multikultiszene mit Industriekultur.

Eigelstein

Nur wenige Gehminuten von Dom und Hauptbahnhof entfernt liegt eines der ältesten und lebendigsten Veedel von Köln, der Eigelstein, der einst ein Teil der alten römischen Heerstraße von Süden durch Köln nach Xanten war.
Unumstrittenes Wahrzeichen des Eigelsteins ist die zweitürmige Torburg aus dem 13. Jahrhundert.
In der Anlage befindet sich ein Ausstellungsraum und die »Freie-Jazz-Haus-Schule«. Im rechten Turm hängt symbolisch das Wrack eines Rettungsbootes und erinnert an den Untergang der »SMS Cöln«, welche 1914 bei Helgoland unterging.

Eigelsteintorburg

Der Eigelstein ist Kölns kleinstes Viertel, in früheren Zeiten arbeiteten hier Glasbläser, Töpfer, Schmiede und Gerber. Heute findet man, vor allem in der Weidengasse, Gemüseläden, Trödelläden und Reiseunternehmen, die günstige Flüge in die Türkei anbieten.

Kwartier Lateng

Das Kwartier Lateng ist ein Teil der südlichen Neustadt. Da es in unmittelbarer Nähe zur Universität liegt, hat sich hier ein quirliges Studentenleben entwickelt. Hier befinden sich zahlreiche Kneipen, Clubs sowie ein Programmkino auf der Zülpicher Straße. Das Viertel erstreckt sich vom Barbarossaplatz über den Zülpicher Platz bis hin zur Universität/Bahnhof Süd, seinen Namen hat es nach dem gleichnamigen Viertel »Quartier Latin« in Paris.

Gegenüber dem Rathenauplatz liegt das jüdische Zentrum von Köln mit der Synagoge, die vor der Zeit des Nationalsozialismus eine von sieben Synagogen der Stadt war. Nach der Zerstörung in der Reichskristallnacht konnte sie als einzige im Jahr 1958 wiederaufgebaut werden. Zu der Synagoge gehören ein Museum, eine Bibliothek, ein Theater sowie ein koscheres Restaurant.

Die Synagoge im Kwartier Lateng

Marienburg

Marienburg grenzt im Osten an den Rhein, im Süden an Rodenkirchen, im Westen an Raderthal und im Norden an Raderberg und Bayenthal, auf der anderen Rheinseite liegt der Stadtteil Poll.

Marienburg gehört zusammen mit Hahnwald zu einem der größten zusammenhängenden Villengebiete in ganz Deutschland. Der Name des exklusiven Stadtteils geht auf die Mitte des 19. Jahrhunderts und den Gutshof »Marienburg« zurück.

In der Gründerzeit begann man mit der Anlage einer parkähnlichen Villensiedlung nach den Vorstellungen des Kölner Industriellen Ernst Leybold. Als Gründerzeit bezeichnet man die wirtschaftliche Phase in Deutschland im 19. Jahrhundert bis hin zum großen Börsenkrach von 1873. Die meisten großen Residenzen entstanden bis zum Jahr 1920, einige davon werden heute als Büros genutzt.

Im Grüngürtel zwischen der Konrad-Adenauer-Straße und dem Heinrich-Lübke-Ufer befindet sich das Zwischenwerk VII B, das ursprünglich zu einer ehemaligen preußischen Festungsanlage gehörte. Die Zugbrücke und einige andere Teile sind bis heute erhalten geblieben.

Martinsviertel

Das Martinsviertel ist Kölns Altstadt und nach der Kirche Groß St. Martin benannt. Der Kern der Altstadt liegt auf einer ehemaligen Rheininsel, die erst im 10. Jahrhundert durch Aufschüttung mit der Stadt verbunden wurde. Zu diesem Zeitpunkt war die Martinskirche noch Teil eines Benediktinerklosters und wurde erst im 12. Jahrhundert als gewaltiger Neubau dem heiligen Martin gewidmet. Mit ihrem imposanten Vierungsturm bestimmt sie heute das Bild der Altstadt.
Das Martinsviertel ist Kölns ältester Stadtteil, und die Gassen rund

um die Kirche und den Plätzen Alter Markt und Heumarkt liegen auf historischem Boden.
Hier standen einst Thermen, Patrizierhäuser, das Forum und Tempel für die römischen Götter. Die Altstadt ist ein Muss für jeden Touristen und ist zu jeder Jahreszeit entsprechend frequentiert. Erst abends, wenn die Touristenbusse wieder abgefahren sind, sind die Altstädter wieder unter sich, und man hört wieder „kölsche Tön".

Groß St. Martin

Mülheim

Mülheim als Stadtviertel grenzt im Osten an Höhenhaus und Buchheim, im Süden an Buchforst und Deutz, im Westen an den Rhein und im Norden an Stammheim. Mülheim bekam seinen

Namen bereits in der vorindustriellen Zeit nach den Mühlen am Unterlauf des Strunderbaches, bereits im Mittelalter erhielt Mülheim seine Freiheits- und Stadtrechte und wurde erst im Jahr 1914 nach Köln eingemeindet. In den Siebzigerjahren des 19. Jahrhunderts siedelten sich aufstrebende Industrieunternehmen in Mülheim an, weil es in Köln an geeigneten Flächen fehlte. Da Mülheim in der Zwischenzeit zum Eisenbahnknotenpunkt geworden war und über einen Hafen verfügte, konnten sich dort große Werke entwickeln. Heute arbeiten auf vielen dieser alten Industrieanlagen innovative Firmen aus der Medien- und IT-Branche. An Fronleichnam startet am Mülheimer Rheinufer unterhalb der alten Schifferkirche Sankt Clemens die Schiffsprozession „Gottestracht".
Markante Punkte sind die Fußgängerzone Wiener Platz, der Stadtgarten mit Stadthalle, die Veranstaltungshallen »E-Werk« und »Palla-

Mülheimer Brücke

dium«, die Klosterkirche Dünnwald, der Wildpark sowie die Siedlung »Kunstfeld« von 1920.
Zu erwähnen ist noch die Keupstraße, die weit über die Grenzen Kölns als ein Zentrum des türkischen Geschäftslebens bekannt ist. Bereits in den 1950er- und 1960er-Jahren zogen viele Gastarbeiter in die Keupstraße, da das damalige Kabelwerk »Felten & Guilleaume« in der benachbarten Schanzenstraße eine große Anzahl von ausländischen Mitarbeitern beschäftigte.
Die vorwiegend türkischen Arbeiter suchten in Köln preiswerten Wohnraum und fanden ihn in den damals sanierungsbedürftigen und teilweise auch heruntergekommenen Mietshäusern in der Nähe ihres Arbeitsplatzes. In der Straße befinden sich zahlreiche Einzelhandelsgeschäfte mit Lebensmitteln, Obst- und Gemüseläden, Bäckereien und Kebab-Buden.

Nippes

Der Bezirk umfasst die Stadtteile Bilderstöckchen, Longerich, Mauenheim, Niehl, Nippes, Riehl und Weidenpesch. Bereits in der Römerzeit lag nachweislich eine Villa am Rande des Nippeser Tälchens, einem heute versandeten Altarm des Rheins. Im Bereich des Nippeser Tälchens stand vor Jahrhunderten ein großes Anwesen, der Nippeshof. Von diesem Hof leitet sich wahrscheinlich der Name des Stadtviertels ab. Eine andere Deutung besagt, dass der Stadtteil seinen Namen erhielt, weil es hier nie Pest gab, Nie-Pest, einfach ausgesprochen: »Nippes«.
Im Zeitalter der Industrialisierung entwickelten sich hier die Eisenbahn- und Autoindustrie, die Eisenbahnbetriebswerke zogen viele Gastarbeiter an, die bis heute für ein multikulturelles Miteinander

Blüchergymnasium in der Blücherstraße mit Sternwarte

sorgen. Vom Eisenbahnwerk selbst ist heute nur noch die Erinnerung in Form des »Rheinischen Industriebahn-Museums geblieben«, das größte Industriedenkmal des Kölner Nordens. Hier ist die Geschichte der Eisenbahn dokumentiert, alte Lokomotiven und Industriefahrzeuge sind hier ausgestellt.

Poll

Poll grenzt im Norden an der Südbrücke an Deutz, südlich an die A4 mit der Rodenkirchener Autobahnbrücke an den Stadtteil zu Westhoven, östlich wird der Stadtteil von der A559 zu Humboldt/Gremberg begrenzt und zum Westen hin vom Rhein. Der Name leitet sich vermutlich vom holländischen Polder, eingedeichtes oder angeschwemmtes Land, oder von Pähl, Wassertümpel, Pfuhl, ab. Der Fischfang stellte damals für die Poller Bürger eine wichtige Einnahmequelle dar, besonders der Maifisch wurde in großen Mengen im Frühjahr gefangen, zusätzlich aber auch große Stückzahlen von Salm.

Auf den fruchtbaren Wiesen entlang des Rheins wurden Kühe gehalten, und junge Frauen transportierten die Milch in das benachbarte Köln. Die Tradition des Milchmädchens lebt noch in der Erinnerung der Poller Einwohner. So findet man zum Beispiel die Straße »Zum Milchmädchen«, »Im Butterfass« oder »In der Kanne«.
Am 1. April 1888 wurde Poll nach Köln eingemeindet. Dieser Schritt hatte über die Verwaltung hinaus den Vorteil für Poll, dass sich die Infrastruktur und alle wichtigen Versorgungsleitungen verbesserten. Durch die Verbesserung der Verkehrsanbindung wurde die Industrie auf Poll aufmerksam, und es siedelten sich verschiedene Industriebetriebe an. So gründete zum Beispiel Alfred Schütte 1910 eine

Grasende Schafe auf den Poller Wiesen

Fabrik für Schleifmaschinen und Drehautomaten. Nach dem Gründer wurde eine Allee benannt, die zwischen der Severinsbrücke und der A4 entlang des Rheinufers verläuft.

Das höchste Gebäude auf Poller Boden ist die Zentrale des TÜV Rheinland, das sogar den Fernmeldeturm Pollonius überragt.
Heute weiden auf den Poller Wiesen keine Kühe mehr, an schönen Tagen laden sie jedoch zu ausgedehnten Spaziergängen, insbesondere in den nördlichen Bereichen zwischen Severins- und Südbrücke, ein.

Severinsbrücke

Südstadt

Als Südstadt wird allgemein das Viertel rund um den Chlodwigplatz inklusive Severinsviertel und Volksgarten bezeichnet. Im Norden wird die Südstadt von der Ulrepforte, dem Chlodwigplatz und dem Ubierring eingegrenzt.

Ulrepforte

Die östliche Grenze bildet die Agrippinawerft am Rhein, im Süden sorgen der Oberländer Wall, der Alteburger Wall, ein kleines Stück der Bonner Straße und die Rolandstraße für natürliche Grenzen. Zum Westen hin sorgt die Vorgebirgsstraße, welche wiederum zur Ulrepforte führt, zur Eingrenzung des Viertels. Die Südstadt gehört zum Stadtteil Neustadt-Süd, das Severinsviertel hingegen zur Altstadt-Süd. In der Südstadt leben etwa 15.000 Einwohner, der Ausländeranteil beträgt 17 Prozent und liegt damit im mittleren Bereich, in anderen Stadtteilen liegt der Ausländeranteil mit teilweise bis zu 40 Prozent deutlich höher. Sowohl in der Südstadt als auch im Severinsviertel wohnen im Vergleich zu anderen Stadtteilen viele junge Leute. Das kann auch an dem nahe gelegenen Volksgarten liegen, der mit seinen ausgedehnten Grünflächen, einem See, auf dem man Tretboot fahren kann, und einem großen Kinderspielplatz besonders im Sommer ein beliebtes Ausflugsziel ist. Ebenso beliebt ist der Römerpark, der besonders vormittags rege von Kindern besucht wird.

Das Severinsviertel ist nach dem Bischof Severin benannt. Einer Legende nach soll er nach einer langen Dürreperiode der Stadt zu einem ergiebigen Regenschauer verholfen haben. Nach ihm ist auch die Haupteinkaufsstraße, eine Brücke und die romanisch-gotische Severinskirche benannt.

Neben St. Severin steht im Norden des Viertels St. Georg, die einzig noch erhaltene Säulenbasilika im ganzen Rheinland. Unweit von St. Severin und St. Georg steht die kleine Pfarrkirche St. Johann Baptista. Während der U-Bahn-Bauarbeiten im Jahr 2004 hatte sich ihr Turm um einen ganzen Meter in Richtung Severinstraße geneigt und drohte zu kippen. »Der Schiefe Turm von Köln« wurde kurzfristig zu einer Touristenattraktion, die Anwohner konnten jedoch kurze Zeit später wieder aufatmen, denn der Turm konnte wieder stabilisiert werden.

Dreh- und Angelpunkt des Severinsviertels ist die Severinstorburg, unweit vom Chlodwigplatz gelegen und Südtor der mittelalterlichen Stadtmauer. Nach der Schleifung der Stadtmauer 1881 war in dem Tor ein Naturkundemuseum und später ein Hygienemuseum untergebracht. In der Zeit des Nationalsozialismus beherbergte es die Hitlerjugend, 1979 wurden die Räumlichkeiten zu einem Bürgerzentrum umgebaut, dessen Räume man anmieten kann.

Severinstor

Der Kölner Dom, Domspitzen

Bedeutende Sakralbauten

Der Kölner Dom

Der Kölner Dom ist in seiner heutigen Erscheinungsform mit einer Höhe von 157,38 Metern nach dem Ulmer Münster die zweithöchste Kirche in Deutschland und Europa sowie die drittgrößte der Welt. Der offizielle Name des Kölner Doms lautet »Hohe Domkirche St. Peter und Maria«.

Er ist ein römisch-katholisches Gotteshaus und die Kathedrale des Erzbistums Kölns. Von 1880 bis 1884 war er das höchste Gebäude der Welt und ist die populärste Sehenswürdigkeit Deutschlands, 2001 wurden fünf Millionen und 2004 sechs Millionen Besucher aus aller Welt gezählt. Im Jahr 2005 besuchte Papst Benedikt XVI. anlässlich des Weltjugendtages den Dom.

Vorgeschichte
Der Platz, an dem der heutige Dom steht, war seit der Römerzeit der
Ort in Köln, an dem sich die ersten Christen versammelten, mehrere
immer größer werdende Kirchen entstanden an dieser Stelle, die
nahe an der Stadtmauer gelegen war. Das erste Gotteshaus, dessen
Erscheinungsform nachweisbar ist, war der 870 vollendete karolingi- 870
sche Dom. An beiden Enden seines Langhauses befand sich jeweils
ein Querhaus und ein Chor, der Altar im Osten war der Jungfrau
Maria geweiht, der im Westen dem heiligen Petrus. Unter dem Erz-
bischof Bruno wurde später im Norden und Süden dem Langhaus je
ein Seitenschiff hinzugefügt. Mit nur wenigen Veränderungen stand
dieser Dom bis in das 13. Jahrhundert.

1248

Erste Bauperiode

Nachdem Rainald von Dassel 1164 die Reliquien der Heiligen Drei Könige nach Köln gebracht hatte, war der Dom nicht mehr nur Amtskirche des Kölner Erzbischofs, sondern zudem eine der bedeutendsten Wallfahrtskirchen in Europa, für die eine andere architektonische Form notwendig war. Bevor jetzt der Bau des gotischen Doms 1248 beginnen konnte, musste man den alten Dom nach und nach abreißen.

Bei dem Versuch, den Ostchor niederzubrennen, brannte jedoch 1248 das ganze Bauwerk ab. Um weiter die Messe feiern zu können, wurden die Westteile daraufhin provisorisch wiederhergestellt.

Kölner Dom, Luftaufnahme

1322 konnte der gotische Chor eingeweiht werden, hoch spannten sich seine Gewölbe, und ein filigraner Wald von Strebepfeilern und Strebebögen umzog das Bauwerk, um seine Mauern zu schützen. Die Bauteile nach Westen wurden mit einer Mauer abgeschlossen, sodass man im ganzen Chor die Messe feiern und das Domkapitel sich im Binnenchor versammeln konnte. Noch vor weiteren Bauaktivitäten wurde der Ostchor reich ausgestattet, bedeutende Kunstwerke, die bereits im alten Dom gestanden hatten, wie der Schrein der Heiligen Drei Könige und das Gero-Kreuz, wurden in das neue Gebäude übertragen.

Die Gebeine bedeutender Erzbischöfe wie zum Beispiel Philipp von Heinsbergs oder von Heiligen wie Irmgardis wurden in den Chorkapellen erneut beigesetzt.

Nachdem der gotische Chor fertiggestellt war, wurden die Seitenschiffe des Langhauses und zwei Stockwerke des Südturmes errichtet. Die Bautätigkeiten dauerten etwa bis 1530, und das Gebäude wurde mit wichtigen Ausstattungsstücken geschmückt. In der Folgezeit führten Geldmangel und Desinteresse dazu, dass die Arbeiten eingestellt wurden, und das Mittelschiff und das Langhaus wurden mit einem Notdach versehen. Äußerlich wirkte der Dom nun wie ein Fragment, im Inneren gab es jedoch einen als ausreichend groß empfundenen Kirchenraum, der in den folgenden Jahrhunderten reich ausgestattet wurde. Als 1794 die Revolutionstruppen in Köln einzogen, flohen der Erzbischof und das Domkapitel, und der Dom diente nun mehrere Jahre profanen Zwecken, wie zum Beispiel als Lagerraum. Erst 1801 wurde er wieder zum Gotteshaus geweiht.

1530

Zweite Bauperiode

In der Zeit der Entweihung des Doms wuchs die Liebe zu dem imposanten Bauwerk wieder, und 1842 begann man mit der Unterstützung engagierter Kölner Bürger und dem Geld aus der preußischen Staatskasse mit dem Weiterbau. Nun begann eine intensive und effektive Bautätigkeit, in der Form folgte man den mittelalterlichen Plänen, bediente sich aber modernster Bautechnik. Bereits 1864 konnten die beiden Querhausfassaden, die Obergadenzone vom Langhaus und Querschiff fertiggestellt werden. Der hölzerne Dachstuhl über dem mittelalterlichen Chor wurde entfernt und durch eine eiserne Konstruktion ersetzt, 1880 konnten auch die Türme fertiggestellt werden.

1842

Während des Zweiten Weltkrieges wurde der Dom von vierzehn schweren Fliegerbomben getroffen, und es folgten viele Jahre der Wiederherstellung. Bis heute sind nicht alle Beschädigungen wieder beseitigt, zudem müssen die durch Witterung und Umweltbelastung immer wieder entstehenden Schäden behoben werden, und der Dom wird dadurch zur ständigen Baustelle.

Der Innenraum

Mit 144 Metern hat der Kölner Dom das längste Hauptschiff Deutschlands und eines der längsten der Welt. Besonders zu erwähnen sind die Fenster in Glasmaltechniken, die im Dom verbaut wurden, hervorzuheben sind die sogenannten „Bayernfenster" im südlichen Seitenschiff. Die Fenster zeigen fünf Szenen aus der Anfangszeit des Christentums, beginnend mit Johannes, dem Täufer, im Westen und endend mit Stephanus, dem ersten christlichen Märtyrer. Die Fenster wurden von König Ludwig I. von Bayern gestiftet.

Dreikönigentörchen

Für großes Aufsehen sorgte auch das von Gerhard Richter gestaltete Fenster, das am 25. August 2007 eingeweiht wurde. Es besteht aus 11.263 gleich großen pixelartigen Farbquadraten und ersetzt das farblose Fenster, das nach dem Zweiten Weltkrieg als Ersatz für das alte, zerstörte Fenster herhalten musste.

Die St. Petersglocke, von den Kölnern liebevoll »Decke Pitter« genannt ist, mit 24.000 Kilogramm die größte frei schwingende Kirchenglocke der Welt. Das Hauptgeläut des Doms befindet sich im Südturm und umfasst zusammen mit der St. Petersglocke acht Glokken, darunter auch die beiden mittelalterlichen »Pretiosa« und »Spe-

ciosa«, darüber hinaus befinden sich im Dachreiter über der Vierung drei weitere kleinere Glocken.
Vorläufer der Petersglocke war die sogenannte »Kaiserglocke« oder »Gloriosa«, welche mit 27.180 Kilogramm noch schwerer war als die Petersglocke. Sie wurde im Jahr 1918 wieder eingeschmolzen, da ihr Ton nicht zu dem restlichen Geläut passte. Der damalige Oberbürgermeister Konrad Adenauer und der Erzbischof Schulte setzte sich seinerzeit dafür ein, dass Köln wieder einen Ersatz für die Kaiserglocke bekam. Zuerst fand man keinen Glockengießer, der das Risiko eingehen wollte, eine derart große Glocke zu gießen, schließlich erklärte sich am 31. März 1922 der Glockengießermeister Heinrich Ulrich bereit, den Auftrag anzunehmen. Er überwachte selbst sorgfältig alle Vorbereitungen und nahm nur seine erfahrensten Mitarbeiter zur Hilfe.

Ende November 1924 konnte die Glocke dann nach Köln überführt werden. Sie wurde von 24 Männern einer Stahlbaufirma in den auf 55 Meter Höhe gelegenen Glockenstuhl verfrachtet. Die Glocke sollte zum ersten Mal an Heiligabend des gleichen Jahres zu hören sein.

Die Schatzkammer

Der Eingang zur Schatzkammer des Domes befindet sich auf der Nordseite der Kathedrale, auf einer Ausstellungsfläche von etwa 500 Quadratmetern sind kostbare Reliquien, liturgische Geräte, Gewänder sowie Insignien der Erzbischöfe und Domgeistlichen vom 4. bis zum 20. Jahrhundert, mittelalterliche Skulpturen und fränkische Grabfunde zu sehen.
In der Nacht zum 2. November 1975 fand ein Einbruch in die Schatzkammer statt. Die Täter drangen durch einen Lüftungsschacht

in die alte Schatzkammer ein, die nach damaligen Erkenntnissen optimal gesichert schien, und entwendeten wertvolle Monstranzen und Kreuze. Die Täter konnten jedoch mithilfe der Kölner Unterwelt gefasst werden und wurden zu hohen Freiheitsstrafen verurteilt. Einen Teil ihrer Beute, wie zum Beispiel die goldene Monstranz von 1657 hatten sie jedoch bereits eingeschmolzen. Seit dem 21. Oktober 2000 werden die Schätze des Kölner Domes in den ausgebauten historischen Kellergewölben des 13. Jahrhunderts auf der Nordseite des Domes neu präsentiert.

Die Schatzkammer umfasst sechs Räume auf drei Etagen und führt bis auf die römische Stadtmauer und einem römischen Abwasserkanal hinab. Einige der dort gezeigten Gegenstände werden auch heute noch gelegentlich in der Liturgie genutzt, wie zum Beispiel die Prunkmonstranz, welche in der Fronleichnamsprozession mitgeführt wird, sowie ein großes Smaragdkreuz, das an Allerheiligen verwendet wird.

Zu den wichtigsten Ausstellungsstücken gehört der Petrusstab. Hierbei handelt es sich um einen einfachen Holzstab, der mit einem Elfenbeinknauf aus dem 4. Jahrhundert und einer Metallmanschette aus dem 8. Jahrhundert versehen ist. Besonders hervorzuheben ist auch ein Chormantel aus dem Jahr 1742, der im Paramentenraum aufbewahrt wird. In der untersten Etage werden die Funde aus zwei unter dem Dom entdeckten Gräbern aus der Merowinger-Zeit aufbewahrt, die im Jahre 1959 ergraben wurden.

Der Dreikönigsschrein

Der Schrein für die Gebeine der Heiligen Drei Könige wurde ab circa 1190 bis um 1220 von der Werkstatt des Goldschmiedes Nikolaus von Verdun und nachfolgenden Kölner und maasländischen Werkstätten gefertigt. Der Dreikönigsschrein ist die größte Goldschmiedearbeit des Mittelalters in Europa, 110 Zentimeter breit, 153 Zentimeter hoch und 220 Zentimeter lang, verkörpert er wie eine Basilika die Dreieinigkeit Gottes. 1190

Der Schrein wird von 74 getriebenen Figuren aus vergoldetem Silber geschmückt, edelsteinbesetzte Filigranplatten, farbige Bänder aus Emailstein, blaugoldene Inschriftzeilen und gegossene Metallkämme umschließen das kostbare Behältnis, für das über tausend Edelsteine und Perlen verarbeitet wurden.

Während der französischen Besetzung des Rheinlandes wurde der Schrein zum Schutz vor den feindlichen Truppen in Sicherheit gebracht und befand sich ab 1794 in Arnsberg und ab 1802 in Frankfurt am Main. Ende 1803 zerlegte man den Schrein und brachte ihn mit dem Schiff nach Köln zurück.

In der Zeit des Mittelalters war geplant, den Schrein in der Vierung des Domes aufzustellen, heute erhebt er sich hinter dem mittelalterlichen Hochaltar und bildet so gewissermaßen das Zentrum des Domes.

St. Ursula

St. Ursula ist eine von zwölf großen romanischen Basiliken in der Altstadt von Köln und die älteste niederrheinische dreischiffige Emporenbasilika. Sie ist der heiligen Ursula geweiht.

St. Ursula

(Basilika: griech. Königshalle, war ursprünglich der Name großer Prachtgebäude, die zu Gerichtshöfen und Handelsgesellschaften bestimmt waren. Im Zuge der Christianisierung wurde dieser Begriff auf die ihrem Vorbild nach gestalteten Kirchengebäude übertragen.)

1105 Die Kirche entstand auf einem römischen Gräberfeld, auf dem im 4. Jahrhundert christliche Märtyrerinnen verehrt wurden. Die Bauzeit begann im Jahr 1105 und endete 1135.

Die Kirche ist von romanischer Prägung. 1287 wurde an die romanische Kirche ein lang gestreckter gotischer Chor angebaut. In diesem Chor befindet sich der Bilderzyklus der Ursula-Legende (um 1456 aus der Schule Stephan Lochners). Die Darstellung zeigt die Ursula-Legenden und besteht aus 24 Tafeln mit 30 Bildern. 1287

In der Vorhalle ist eine steinerne Pieta (ist in der bildenden Kunst die Darstellung der trauernden Maria mit dem Leichnam des vom Kreuz abgenommenen Jesus Christus) zu sehen. Dieses Kunstwerk ist um das Jahr 1420 datiert. In der relativ reich ausgestatteten Kirche kann man zahlreiche Skulpturen, darunter die heilige Ursula als Schutzheilige, erkennen. Diese Skulptur aus dem Jahr 1465 stammt 1465
vermutlich von Tilman von der Burch. Ihre Bemalung erhielt sie allerdings erst im 19. Jahrhundert. Auf den Emporen des Hauptschiffs sind Reliquienbüsten aufgestellt. Im Hauptschiff selbst steht am gotischen Hochaltar der Schrein der Ursula.

Das Hochgrab der heiligen Ursula aus dem Jahr 1659 besteht aus 1659
schwarzem Marmor und umschließt den Steinsarkophag der heiligen Ursula, der durch drei seitliche Öffnungen zu sehen ist. Die liegende Ursulastatue aus weißem Alabaster wurde von Johann T. W. Lentz gefertigt.
Eine Besonderheit der St. Ursula-Kirche ist die seitlich der Vorhalle gelegene Goldene Kammer. Es handelt sich hierbei um eine begehbare Reliquienkammer, die mit einer Vielzahl von Reliquienbüsten (aus der Zeit zwischen dem 13. und 18. Jahrhundert), Gebeinen, die bis zum Deckengewölbe reichen, und goldenem Zierrat geschmückt ist. Diese Goldene Kammer weckte mit ihren reichen Schätzen in der Vergangenheit öfters die Begierde von Diebesgesindel. Die Wertgegenstände sind wohl nur deshalb erhalten geblieben, weil man sie

Ende des 18. Jahrhunderts vor den französischen Besatzern verstekken konnte. Erst nach der französischen Besatzung brachte man die Schätze wieder zurück.

Im Zweiten Weltkrieg erlitt die Basilika erhebliche Schäden und wurde danach unter der Leitung von Karl Brand bis 1964 wiederaufgebaut.
Nach einer erneuten Renovierungsarbeit von fünf Monaten wurde die Kirche 2004 wiedereröffnet. Seitdem sind das im 15. Jahrhundert errichtete Marienschiff und der Äbtissinnenchor wieder zugänglich.

2005 wurde eine zweite Goldene Kammer eröffnet. Dabei handelt es sich um eine Gedenkstätte für Märtyrer des 20. Jahrhunderts, vorwiegend Opfer des NS-Regimes, deren Gebeine zumeist verloren gegangen sind.
Die Kirche hat sechs Glocken. Das Geläut zählt zu den größten der Stadt Köln.

Die Legende der Ursula

Bemerkenswert ist die den Ursprung der Basilika begleitende Legende um die heilige Ursula. Von ihr gibt es zahlreiche Abhandlungen, deren wesentliche Elemente übereinstimmen.

Ursula war die schöne Tochter eines bretonischen Königs. Der König von England hörte von ihrer Schönheit, Sittsamkeit und Klugheit. Er wollte sie mit seinem Sohn, Conanus, verheiraten, der aber bei der Königstochter wenig Gefallen fand.
Von den Engländern bedroht und ob der Schmähung, hatte Ursula

Die Legende der Heiligen Ursula (Holzschnitt)

eine göttliche Eingebung. Sie stellte folgende Bedingung für eine Heirat: Der Königssohn sollte sich taufen lassen und ihr bis zur Hochzeit eine Frist von drei Jahren gewähren. In dieser Zeit wollte sie auf eine Pilgerreise gehen, zu der sie zehn Jungfrauen begleiten sollten. Ihr und jeder dieser zehn Jungfrauen sollten sich je tausend weitere Jungfrauen zugesellen und mit ihr den Gang nach Rom antreten. Der Königssohn erklärte sich einverstanden mit diesen Bedingungen, sodass Ursula und ihre Gefährtinnen die Reise antreten konnten. Auf ihrer Reise durch Köln erschien der tugendsamen Ursula im Traum ein Engel. Dieser trug ihr auf, auf ihrer Rückreise von Rom nach Köln zurückzukehren, denn es sei ihr bestimmt, den Märtyrertod zu erleiden. Von ihrer Gottesfürchtigkeit beeindruckt, schloss sich sogar der Papst in Rom den Pilgern an. Aus Furcht vor dem riesigen christlichen Pilgerzug schickten die heidnischen, römischen Heerführer Booten zu den Hunnen. Die Barbaren sollten den Pilgerzug vor den Toren Kölns abfangen und Ursula und die Jungfrauen töten. Conanus, dem inzwischen auch ein Engel erschienen war, reiste seiner Braut entgegen. In Mainz traf er auf die Pilger, und in dieser Stadt wurde er auf den Namen Aetherius getauft. Der Zug setzte wie vorgesehen seine Reise nach Köln fort, wo sich das Schicksal der Wallfahrer erfüllte. Die bar-

barischen Hunnen erschlugen die frommen Menschen und richteten ein wahres Blutbad an. Zunächst überlebte die schöne Ursula das Gemetzel, weil sie unter dem Schutz des Hunnenkönigs stand. Beeindruckt von ihrer Schönheit, verschonte er vorerst ihr Leben, da er beabsichtigte, sie zu heiraten. Die stolze Ursula lehnte aber auch diesen Antrag ab, was zur Folge hatte, dass der König sie mit einem Pfeil erschießen ließ.

Die Kölner begruben die Toten mit allen Ehren.

Diese Legende hatte eine ziemliche Anziehungskraft, und die in der Kirche verehrten Reliquien hatten im religiösen Leben Kölns und der Pilger eine große Bedeutung. Durch die Überführung der Gebeine der Heiligen Drei Könige verloren die Reliquien der heiligen Ursula ihre Vorrangstellung.

Die heilige Ursula und die Heiligen Drei Könige waren bildgebend für das **Kölner Wappen.** Die drei Kronen im oberen Feld symbolisieren die Drei Könige, elf Flammen stehen stellvertretend für die elftausend Märtyrerinnen der Ursula-Legende. Neben den Heiligen Drei Königen und St. Gereon ist die heilige Ursula Stadtpatronin Kölns. Der Erhalt der Basilika wird vom Förderverein Romanische Kirchen Köln unterstützt.

St. Aposteln

St. Aposteln ist eine von zwölf großen romanischen Basiliken Kölns und liegt mitten in der City am Neumarkt. Dokumentarisch belegt ist, dass im 10. Jahrhundert an dem Standort der heutigen dreischiffigen Basilika ein Stift gegründet wurde. Die historisch gesicherte erste Apostelnkirche scheint aber ein eher einfacher Bau gewesen zu sein. Erst Anfang des 11. Jahrhunderts, wahrscheinlich unter Erzbischof Pilgrim, wurde ein großer Neubau errichtet. Von diesem Bau, der auch die Grundmaße der heutigen Kirche bestimmt, sind noch große Teile der Außenmauern des Langhauses, des westlichen Querschiffes und Teile der Mittelschiffwände erhalten.

St. Aposteln

Im 13. Jahrhundert wurde die Kirche deutlich vergrößert. Neben dem Kleeblattchor entstand zu dieser Zeit auch die achteckige Kuppel über der Vierung, die St. Aposteln ihr monumentales Aussehen verleiht.

Nachdem im Jahr 1802 das Apostelstift aufgehoben wurde, verfiel die Kirche allmählich und musste 1822 wegen Baufälligkeit für kurze Zeit geschlossen werden. Eine Restaurierung der Kirche wurde eingeleitet.

Nach den verheerenden Bombenangriffen im Zweiten Weltkrieg wurde eine notdürftige Sanierung vorgenommen, die erst 1957 abgeschlossen wurde. 1966 erfuhr die Kirche eine sorgfältige Instandsetzung, die erst vor wenigen Jahren beendet wurde.

St. Aposteln

Seit 1965 trägt die Basilika den päpstlichen Ehrentitel einer Basilica minor.

Im Innenraum der Basilika ist von der ursprünglichen Wand- und Deckengestaltung nichts erhalten geblieben. Durch die Zerstörung der Kirche im Zweiten Weltkrieg sind die Mosaiken und Fresken aus dem 19. und 20. Jahrhundert größtenteils vernichtet worden. Heute ist noch das Mosaik »Der gute Hirte« erhalten und das in der nördlichen Konche zum früheren barocken Altar gehörige Gemälde von Johann Wilhelm Pottgießer, das »Martyrium der heiligen Katharina«.

Aus der Anfang des 19. Jahrhunderts abgebrochenen Nothelferkapelle stammen die Skulpturen der sogenannten Vierzehn Nothelfer. Die Vierzehn Nothelfer sind 14 Christen aus dem zweiten bis vierten

Jahrhundert. In der katholischen Kirche werden sie als Heilige verehrt und von Notleidenden als Schutzpatrone angerufen. Restaurierungen erfolgten um 1898 sowie 1979 bis 1983.

Von 1988 bis 1993 wurden die Gewölbe der drei Konchen von dem Maler Hermann Gottfried mit Szenen aus der Offenbarung des Johannes ausgemalt.

Zum Kirchenschatz gehören zahlreiche Skulpturen, Gemälde, der Marienaltar, die Pieta, das achteckige, romanische Taufbecken, ein Stiftssiegel aus dem 12. Jahrhundert, eine gotische Monstranz und ein hölzernes, mit Silber beschlagenes Sterbekruzifix mit elfenbeinernem Corpus.

Die größte Kostbarkeit des Kirchenschatzes ist der Heribertkelch aus dem 13. Jahrhundert. Auf ihm sind die zwölf Apostel eingraviert.
Die St. Aposteln-Basilika verfügt über drei Orgeln. Die größte dieser Orgeln ist mit 80 Registern die zweitgrößte Kölns.

Seit 1981 wird die Kirche vom Förderverein Romanische Kirchen Köln unterstützt.

St. Gereon

St. Gereon ist eine der zwölf großen romanischen Basiliken in der Altstadt Kölns und sicherlich eine der schönsten Kirchen der Stadt.
Die Geschichte St. Gereons reicht in die Zeit des Römischen Reiches zurück und ist herausragender Beweis spätantiker Baukunst.
An den römischen Ovalbau des 4. Jahrhunderts wurde im 11. und
1219 12. Jahrhundert eine Choranlage mit Krypta angefügt.
Es zeigt sich ein gewölbter Rundbau (zwischen 1219 und 1227) in Form eines romanischen Dekagons (Zehneck) mit je vier Konchen (Konche, lat. concha, »Muschel«, ist in der Architektur eine Einbuchtung oder halbrunde Nische) nördlich und südlich der Halle.
Neben der Domkuppel in Florenz und der Hagia Sophia in Istanbul ist die Kuppel St. Gereons mit 34,55 Metern Höhe und 21 beziehungsweise 16,90 Metern Durchmesser die größte ihrer Zeit (1227).
Unter der einzigartigen Kuppel ist in 34 Metern Höhe der verzierte Schlussstein zu sehen.

Östlich angebaut ist der Langchor, auf den der Hochchor folgt. An ihn schließen sich zwei Osttürme und die Apsis (griechisch: Wölbung, Bogen, ist ursprünglich eine halbkreisförmige oder polygonale Altarnische in vorgeschichtlichen Tempeln bzw. christlichen Kirchen) an. Die Turmdächer sind reich gefaltet.
In der Krypta kann man noch die staufischen Fußbodenmosaike aus dem 11. Jahrhundert besichtigen, und gen Westen öffnet sich die Krypta zur Confessio, in der Steinsarkophage mit den Reliquien römischer Märtyrer aufgestellt sind.

St. Gereon

1540

Der in der Krypta befindliche Kreuzigungsaltar aus der Zeit um 1540 stellt unter anderem Heilige aus dem Umfeld des heiligen Gereon dar und ist ein Beispiel früher Kölner Renaissance.
Zur Ausstattung gehören zahlreiche Wandmalereien des 13. Jahrhunderts in Chor und Taufkapelle, eindrucksvolle Fresken, Tapisserien, eine Pieta und vieles mehr.
Außen, vor dem westlichen Eingang, stehen heute noch Pfeiler und Traufrinne aus römischer, das heißt spätantiker Zeit. Das in einer Nische neben dem Westeingang stehende Säulenstück, die sogenannte Blutsäule von St. Gereon, diente der Legende nach zur Hinrichtung des heiligen Gereon.
Beigegeben ist ihr eine lateinische Inschrift mit folgendem Wortlaut:
»Adde fidem, fuit hie pridem fusus cruor
idem ad lapidem,
si dem me male, punit idem.«
Eine alte Übersetzung, die die Binnenreime wiederzugeben versucht, lautet:
»Glaub es: rein an diesem Stein soll einst das Blut
geflossen sein. Sollt ich schuldig sein, so ist hier die Strafe mein.«

Papst Benedikt XV. erhob St. Gereon 1920 zur Basilica minor.

Die Legende vom heiligen Gereon

Um den Ursprung der Basilika St. Gereon ranken sich unterschiedliche Legenden und Vermutungen.

Einer Legende nach wurde St. Gereon auf den Gräbern des heiligen Gereon und seiner Gefährten durch die heilige Helena errichtet. Der Erzählung nach war Gereon der Anführer einer Abteilung von 318 Soldaten der Thebäischen Legion. Diese Legion war von Kaiser Maximian ausgeschickt worden, um Christen zu verfolgen. Als sich der tapfere Gereon diesem Befehl verweigerte, fand er Unterstützung durch Papst Marcellus. In Köln legten er und seine Soldaten vor Maximian die Waffen nieder und boten ihre entblößten Nacken dar. Zweimal wurde jeweils jeder Zehnte enthauptet. Von Gereon ermutigt, blieben die Männer standhaft und wurden alle nacheinander erschlagen.

Diese Erzählung wird ab dem 5. Jahrhundert verbreitet und nachweislich in der Mitte des 5. Jahrhunderts von dem Lyoner Bischof Eucherius aufgeschrieben.

Ähnlich wie bei der Basilika St. Ursula schienen die Funde in römischen Gräberfeldern die Legende zu bestätigen. Bei Grabungen im 1221
11. Jahrhundert wurden 360 Skelette gefunden. Im Jahr 1221 glaubte der heilige Norbert sogar, das Skelett von Gereon gefunden zu haben. Im 13. Jahrhundert schien die Kenntnis von 318 Gebeinen als der Thebäischen Legion und Gereon zugehörig gesichert. Ausgrabungen des 20. Jahrhunderts ergaben allerdings keine Hinweise, die diese Legende bestätigen könnten.

Der Erhalt der St. Gereon Basilika wird vom Förderverein Romanische Kirchen Köln unterstützt.

Groß St. Martin

Groß St. Martin steht in der Kölner Altstadt und ist eine der zwölf großen erhaltenen romanischen Kirchen in Köln. Bemerkenswert ist die dreischiffige Basilika mit einem kleeblattförmigen Ostchor und einen quadratischen Vierungsturm mit vier Ecktürmen.

Groß St. Martin

1150 Die Basilika wurde im 12. Jahrhundert in der damaligen Rheinvorstadt auf einer ehemaligen Rheininsel gebaut. Errichtet wurde sie auf dem Fundamenten eines römischen Gebäudes, durch Zuschüttung erhielt die Insel dann später Anschluss an das Stadtgebiet und diente mehrere Jahrhunderte als Stiftskirche einer Benediktinerabtei.

Im Zweiten Weltkrieg wurde die Basilika erheblich beschädigt, der Turm wurde 1965 wieder errichte, die gesamten Restaurierungsarbeiten dauerten jedoch bis 1985 und 40 Jahre nach Kriegsende konnte die Kirche wieder neu geweiht werden. Groß St. Martin ist neben dem Dom sicher eines der markantesten Wahrzeichen der Kölner Stadtsilouette und prägt das Bild der Kölner Altstadt.

St. Severin

St Severin ist eine der ältesten Kirchen in Köln und wurde auf einem römischen Gräberfeld errichtet. Viele Teile des Gebäudes gehen bis auf das 10. Jahrhundert zurück. In der Krypta der Basilika ist der Heilige Severin, der dritte Bischof von Köln bestattet. Seine Gebeine werden in einem kunstvollen und reich verzierten Goldschrein im Chorraum der Basilika aufbewahrt.

Die Kirche steht an der Severinstraße, in der Nähe des Chlodwigplatzes, die in römischer Zeit nach Bonn führte.

St. Severin ist mit 72,90 m die zweitgrößte romanische Kirche in Köln und wird nur noch von Groß St. Martin überragt.

St. Severin, Figuren über Portal

Die Rheinbrücken

Acht Rheinbrücken überspannen im Kölner Stadtgebiet den Rhein, davon sind jeweils zwei Eisen- und Autobahnbrücken und vier Straßenbrücken.

Mülheimer Brücke

1927

Die Mülheimer Brücke ist eine Hängebrücke und verbindet die Stadtteile Köln-Mülheim und Köln-Riehl. Als erste Kölner Rheinbrücke wurde sie in dem typischen Kölner Brückengrün gestrichen. Das Kölner Brückengrün, auch Kölner Grün genannt, gilt als besonders lichtbeständig und wasserfest.

Die Mülheimer Brücke

Die damalige rechtsrheinische Stadt Mülheim am Rhein war bis ins Jahr 1927 durch eine Schiffsbrücke mit der linksrheinischen Seite Kölns verbunden. Diese Schiffsbrücke war eine Konstruktion aus Holz, die auf etwa vierzig im Rhein verankerten Pontons befestigt war. Sie löste 1888 den an gleicher Stelle verkehrenden Fährbetrieb ab.
Am 20. Juni 1927 wurde die Schiffsbrücke abgebaut, und die Planung einer neuen Brücke begann.
Die neue Brücke, eine „unechte" Hängebrücke, wurde bereits damals vom öffentlichen Schienenverkehr genutzt und am 13. Oktober 1929

von Konrad Adenauer, Oberbürgermeister der Stadt Köln, eröffnet. Durch Bombenangriffe im Zweiten Weltkrieg wurde diese Brücke am 14. Oktober 1944 zerstört.

Mit dem Neubau der Mülheimer Brücke wurde am 13. Oktober 1949 begonnen. Zwei Jahre später, am 8. September 1951, eröffnete auch diesmal Konrad Adenauer, jetzt der Bundeskanzler der neuen Bundesrepublik Deutschland, die Brücke. 1949

Die neue Brücke nutzte zwar die Strompfeiler der Vorgängerbrücke, wurde aber als „echte" Hängebrücke konstruiert.
Ein Brückenumbau erfolgte 1976–1977.

Brückendaten:
Gewicht: 5780 Tonnen
Spannweite: 315 Meter
Länge: 708,29 Meter
Breite: 27,20 Meter
Kosten: 12,2 Millionen DM

Hängebrücke
Eine Hängebrücke ist eine Brücke bestehend aus Pylonen (Stahl- oder Betonpfeiler), über die Seile, heute meist aus Stahl, geführt werden, an denen der Fahrbahnträger aufgehängt ist.

„Echte" Hängebrücke:
Bei einer echten (rückverankerten) Hängebrücke werden die Tragseile in großen Ankerblöcken im Baugrund rückgehängt. Dabei ist der Fahrbahnträger nur gering durch Zug- oder Drückkräfte belastet.

„Unechte" Hängebrücke:
Bei einer unechten (selbstverankerten) Hängebrücke, wie der Mülheimer Brücke, wird die Horizontalkomponente der Zugkraft in den Tragseilen als Druckkraft auf den durchlaufenden Fahrbahnträger übertragen. Dieser Brückenbau vermeidet große Ankerblöcke, erfordert aber kräftigere Fahrbahnträger.

Zoobrücke

Zoobrücke, Luftaufnahme

Die Zoobrücke verbindet als Teil der B55a die linksrheinische Innere Kanalstraße mit dem rechtsrheinischen Autobahnnetz. Die Brücke hat für jede Fahrtrichtung drei Spuren für den Autoverkehr, einen Radfahrweg und einen Fußgängerweg.

1962

1962 wurde mit dem Bau der Zoobrücke begonnen. Die Brücke verdankt ihren Namen dem nur etwa 200 Meter von der linksrheinischen Brückenrampe entfernt liegenden Kölner Zoo. 1965 ließ man das Schlussstück einsetzen, und am 22. November 1966 konnte das erste Autobahnteilstück eingeweiht werden. Erst im Jahr 1975 wurde die linksrheinische Nord-Süd-Fahrt an die auch im Kölner Brückengrün gestrichene Brücke angebunden. Die Zoobrücke ist die am weitesten gespannte Kastenträgerbrücke der Welt mit nur einem einzigen Hauptlager.

Brückendaten:

Länge: 259 Meter
Breite 33 Meter
Kosten: 34 Millionen DM

Rheinseilbahn-Daten:

Stützen: linksrheinisch 36,4 Meter,
rechtsrheinisch 50,3 und 34 Meter
Fahrstrecke: 935 Meter
Tragseil: 45 Millimeter Durchmesser und 230,28 Tonnen Tragkraft
Zugseil: 22 Millimeter Durchmesser und 30 Tonnen Tragkraft

Kastenträgerbrücke:

Kastenträgerbrücken sind Balkenbrücken, deren Träger (meist aus Spann- oder Stahlbeton) durch eine kastenförmige Konstruktion verstärkt sind.
Eine Besonderheit der Zoobrücke ist die Rheinseilbahn. Mit dieser Seilbahn ist die Überquerung der Brücke von dem auf der rechtsrheinischen Seite gelegenen Rheinpark zum linksrheinisch gelegenen Zoo möglich. Die Rheinseilbahn ist die einzige einen Fluss überquerende Seilbahn Deutschlands und gilt als Kölns sicherstes Verkehrsmittel. Die Rheinseilbahn verkehrt von März bis November, und ihre 44 Kabinen können bis zu 1600 Personen pro Stunde befördern.

Hohenzollernbrücke

Die Hohenzollernbrücke ist eine Eisenbahn- und Fußgängerbrücke und überquert den Rhein vom Kölner Hauptbahnhof (linksrheinisch) nach Köln-Deutz (rechtsrheinisch). Diese Brücke wird täglich von etwa 1200 Zügen überquert.
Noch immer stellt die Hohenzollernbrücke einen der wichtigsten
1911 Knotenpunkte im deutschen und europäischen Eisenbahnnetz dar.

Die Hohenzollernbrücke

Bereits im Jahr 1859 befand sich an der Stelle der heutigen Brücke die zweigleisige Dombrücke.
Da diese Brücke dem anwachsenden Verkehr nicht mehr gewachsen war, wurde sie 1907 durch die Hohenzollernbrücke ersetzt. Die Bauphase dieser Bogenbrücke dauerte bis 1911.
Die Hohenzollernbrücke war im Zweiten Weltkrieg eine der wichtigsten und befahrensten Eisenbahnbrücken Deutschlands und wurde 1945 als letzte der Kölner Brücken von deutschen Pionieren zerstört, wodurch die Alliierten an einer schnellen Rheinüberquerung gehindert wurden.

Mit dieser Sprengung hatte die Stadt Köln keine intakte Brücke mehr und der linksrheinische Stadtteil war von dem rechtsrheinischen Stadtgebiet getrennt. Die Hohenzollernbrücke wurde jedoch als eine der ersten Rheinbrücken Kölns direkt nach dem Krieg

wieder aufgebaut und bereits am 8. Mai 1948 wieder für den Verkehr freigegeben.
Von 1985 bis 1989 dauerte der Bau einer zusätzlichen Brücke, um den Kölner Hauptbahnhof in das S-Bahn-System zu integrieren. An der Nordseite wurden dabei drei Brückenteile für zwei weitere Eisenbahngleise angefügt.
Vier Reiterstandbilder der preußischen Könige und deutschen Kaiser der Hohenzollern-Familie flankieren jeweils die Rampen.

Brückendaten:

Gesamtlänge:	409,19 Meter
Breite:	29,5 Meter
Längste Stützweite:	167,75 Meter

Bogenbrücke:
Die Bogenbrücke gehört zur ältesten Brückenkonstruktionsform. Gekennzeichnet ist diese Bauart durch eine Bogenform sowie durch die Lagerung der Bogenenden, sodass die Abtragung horizontaler Kräfte sichergestellt ist. Das statische Prinzip der Bogenbrücke besteht darin, dass die vertikalen Lasten, die durch Eigenlast, Verkehr etc. entstehen, allein durch Druckkräfte im Bogen in den Baugrund geleitet werden.

Deutzer Brücke

Die Deutzer Brücke verbindet die Kölner Innenstadt vom linksrheinischen Heumarkt aus mit dem rechtsrheinischen Stadtteil Deutz. Sie dient dem Straßenbahnverkehr und besitzt beiderseitige Fußgänger- und Radfahrwege.

Für den Autoverkehr ist sie in beiden Richtungen zweispurig befahrbar.

Die Deutzer Brücke

Bereits im Jahr 310 errichteten die Römer an gleicher Stelle den ersten Rheinübergang. Sie bauten eine Holzkonstruktion auf steinernen Strompfeilern. Im Mittelalter diente eine Seilfähre, auch Gierponte genannt, der Rheinüberquerung. Diese wurde zur preußischen Zeit durch eine fest verankerte Schiffsbrücke ersetzt. Eine Schiffsbrücke ist eine am Ufer verankerte Brücke, deren Unterbau aus Booten besteht.
In der Zeit von 1913 bis 1915 wurde an gleicher Stelle die Deutzer Hängebrücke, die später in Hindenburgbrücke umbenannt wurde, errichtet.
Bei Reparaturarbeiten 1945 brach die durch den Krieg beschädigte Brücke zusammen. Wie viele Opfer dieses Unglück am helllichten Tage forderte, konnte aufgrund der Kriegswirren nie festgestellt werden.

1947

Die heutige Deutzer Brücke ist eine Auslegerbrücke und wurde von 1947 bis 1948 neu errichtet. Sie war die erste Stahlkastenträgerbrücke der Welt und wurde im Kölner Brückengrün gestrichen.
Von 1976 bis 1980 wurde eine zweite Brücke mit gleichem Profil,

aber als Spannbetonkonstruktion gebaut und mit der alten Brücke verbunden. Dadurch erhielt die Brücke einen eigenen zweigleisigen Gleiskörper für den Straßenbahnverkehr.

Der Neubau der Betonbrücke (1976–1980) neben der bestehenden Deutzer Brücke hatte gleichzeitig die Renovierung der Letzteren zur Folge. Die Gesamtkosten betrugen 47,5 Millionen DM.

1980

Brückendaten:
Gesamtlänge: 437 Meter
Breite der kombinierten Brücken: 32,60 Meter
Überbaubreite: 12 Meter

Auslegerbrücke:
Bei Auslegerbrücken wird zwischen zwei flankierenden starren Kragarmen (ein einseitig gelagerter, waagerechter Balken, an dem eine Last hängt, das heißt ein Träger, der nur ein Auflager hat) mithilfe von Gelenken, ein mittleres Balkenelement beweglich eingehängt. Die Auslegerbrücke besteht aus Stahl oder Spannbeton und ermöglicht größere Spannweiten.

Severinsbrücke

Die Severinsbrücke war der erste Brückenbrau nach dem Zweiten Weltkrieg und hatte nach dem Wiederaufbau beziehungsweise Neubau der anderen Rheinbrücken ihren ersten neuen Standort. Sie ist eine Schrägseilbrücke und überquert den Rhein von dem linksrheinischen Severinsviertel (Kölner Südstadt) in den rechtsrheinischen Stadtteil Köln-Deutz.

1959

Die Severinsbrücke wurde in der Zeit von 1958 bis 1959 gebaut und am 7. November 1959 eingeweiht. Bei der Einweihungszeremonie war auch der damalige Bundeskanzler Konrad Adenauer anwesend.

Das Besondere Merkmal der Severinsbrücke ist, dass sie nur mit einem Dreieckspylon auskommt, an dem der Brückenkörper mit Stahlseilen aufgehängt ist. Wie die anderen Rheinbrücken ist auch diese Brücke im Kölner Brückengrün gestrichen. Durch ihre besondere Konstruktion ist die Severinsbrücke außerem als Bahnbrücke geeignet. So erhielt sie bei einem Umbau 1979 bis 1980 ihren eigenen Gleiskörper für den Straßenbahnverkehr.

Die Severinsbrücke

Brückendaten:

Gesamtlänge:	691 Meter
Breite:	29,5 Meter
Größte Stützweite:	302 Meter
Baukosten:	25,3 Millionen DM

Schrägseilbrücke:
Bei einer Schrägseilbrücke handelt es sich um eine Brücke, bei der der Überbau an schräg von einem Pylon gespannten Seilen aufgehängt ist.

Südbrücke

Die Südbrücke ist eine zweigleisige Eisenbahnbrücke und überquert den Rhein von dem linksrheinischen Vorort Köln-Bayenthal ins rechtsrheinische Köln-Poll. Die Bogenbrücke ist für Fahrradfahrer und Fußgänger benutzbar.

1910

Die Südbrücke

Der Bau der Südbrücke dauerte von 1906 bis 1910 und kostete 5,5 Millionen Goldmark (Währung im Deutschen Kaiserreich). Die Brücke wurde für den Eisenbahnverkehr, überwiegend für den Güterverkehr, genutzt. Am 9. Juli 1908 brach bei der Aufstellung des stählernen Haupttragwerkes das Montagegerüst zusammen. Etwa vierzig Arbeiter stürzten mit den Trümmern in den Rhein. Leider fanden bei diesem Unfall mehrere Arbeiter den Tod, weshalb auf eine feierliche Brückeneinweihung verzichtet wurde.

Im Zweiten Weltkrieg wurde die Brücke durch Bombenangriffe fast vollständig zerstört. Mittelbogen und östlicher Seitenbogen fielen in den Fluss und hatten den westlichen Seitenbogen mit heruntergezogen. Um den Schiffsverkehr wieder zu ermöglichen, musste der Mittelbogen gesprengt werden. Der Bau einer Behelfskonstruktion ermöglichte, dass die Brücke zunächst eingleisig in Betrieb genommen werden konnte.

1950

Zwischen den Jahren 1946 und 1950 wurde die Südbrücke neu errichtet. Die Brücke wurde am 1. Oktober 1950 wieder in Betrieb genommen, und der neue Bau kostete 10 Millionen DM.
Während die Nutzung der Südbrücke früher nur für den Güterverkehr als Entlastung für die Hohenzollernbrücke vorgesehen war, wird sie inzwischen auch für Teile des ICE-Verkehrs in Anspruch genommen.

Brückendaten:

Gesamtlänge:	536 Meter
Breite:	10,34 Meter
Längste Stützweite:	165 Meter
Baukosten:	10 Millionen DM

Blick auf die Kölner Brücken

Rodenkirchener Brücke

Die Rodenkirchener Brücke ist eine Hängebrücke und überquert den Rhein als linksrheinischer Teil der A4 zu dem rechtsrheinischen Kölner Autobahnring.

Die Rodenkirchener Brücke, Blick vom linken Rheinufer

Die Brücke wurde von 1938 bis 1941 als Autobahnbrücke für die Autobahn Köln–Aachen erbaut und ist eine echte erdverankerte Kabelhängebrücke. Diese Brückenkonstruktion war zu der damaligen Zeit die am weitesten gespannte Hängebrücke in Europa. Für den Brückenbau wurden 12.000 Tonnen Stahl verarbeitet. 1941

Im Zweiten Weltkrieg wurde die Brücke, nur dreieinhalb Jahre nach der Verkehrsübergabe, durch Bombenangriffe zerstört. Allerdings wurde schon kurz nach Kriegsende der Wiederaufbau der Rodenkirchener Autobahnbrücke notwendig, um dem steigenden Verkehrsaufkommen Rechnung zu tragen.

Da die zerstörte Brücke sehr elegant war, entschied man sich, sie in gleicher Form wieder aufzubauen. Einige Teile der zerstörten Brücke, zum Beispiel Flusspfeiler und Pylone, konnten instand gesetzt und wiederverwendet werden.

Der Wiederaufbau der Brücke erfolgte in den Jahren 1952 bis 1954. 1954

Die erneute Verkehrseröffnung fand am 9. Dezember 1954 statt. Wegen des starken Verkehrsaufkommens wurde die Brücke von 1990 bis 1995 durch einen Zwillingsbau verbreitert und konnte dem jetzt sechsspurigen Verkehr übergeben werden.

Die Rodenkirchener Autobahnbrücke ist heute eine der meist befahrenen Brücken Deutschlands.

Brückendaten:

Gesamtlänge:	567 Meter
Breite:	52,3 Meter
Längste Stützweite:	378 Meter

Die Leverkusener Brücke, Blick von Merkenich

Leverkusener Brücke

Die Leverkusener Brücke ist eine Autobahnbrücke und überquert den Rhein von der A1 im rechtsrheinischen Stadtteil Merkenich zum nördlichen Kölner Autobahnring im linksrheinischen Leverkusen-Wiesdorf.
Wie die Severinsbrücke ist auch sie eine Schrägseilbrücke. Obwohl sie sich nur zur Hälfte auf Kölner Stadtgebiet befindet (die Stadtgrenze verläuft in der Strommitte), wird sie als nördlichste der acht Rheinbrücken gezählt.

Die Brücke wurde in der Zeit von 1962 bis 1965 errichtet. 1965
Am 5. Juli 1965 wurde sie für den Verkehr freigegeben. Die Brücke hat sechs Fahrspuren und je einen Fahrrad- und Fußgängerweg in beiden Richtungen.

Brückendaten:

Gesamtlänge:	687,32 Meter
Breite:	37,1 Meter
Längste Stützweite:	280 Meter

Römerturm

Kölner Denkmäler

Praetorium

Das Praetorium war fast 4 Jahrhunderte der Amtssitz des Stadthalters der römischen Provinz Niedergermanien. Außerdem war es der bedeutendste offizielle Bau der Stadt Köln und der wichtigste römische Palast am Rhein.

Das Gebäude wurde ab dem 1. Jahrhundert nach Christus in vier Stufen erbaut. Nach dem Abzug der Römer diente der Palast bis in das 7. Jahrhundert den merowingischen Königen als Residenz. Heute steht über der Ausgrabungsstelle des Praetoriums der Spanische Bau (Kanzleihaus) des Kölner Rathauses.

Römisches Nordtor

Das Römische Nordtor war ein Teil der Stadtbefestigung die seinerzeit zu den umfangreichsten Baumaßnahmen zählte, eine Fläche von etwa einem Quadratkilometer umfasste und 19 Türme und neun Tore beinhaltete. Weiterhin war die Stadtmauer von einem 13 m breiten Graben umgeben. Das Nordtor steht auf der Domplatte und bildete Ursprünglich den rechten Seitendurchgang von drei Eingängen. Der Mittelbogen mit den

Nordtor

Initialen Kölns als römische Colonia (CCAA) ist im römisch Germanischen Museum ausgestellt.

Römische Wasserleitung

Um die Stadt ausreichend mit Trinkwasser versorgen zu können, bauten die Römer im 2. Jahrhundert nach Christus eine Wasserleitung von Köln bis in die Eifel. Pro Sekunde sollen 200 Liter Wasser durchgeflossen sein, der Kanal wurde aus Stein und römischem Beton errichtet, Überreste sind an der Drususgasse/Ecke an der Rechtsschule zu sehen.

Römerturm

Römerturm, Ornament

Der Römerturm ist der besterhaltenste Teil der ehemaligen römischen Stadtbefestigung aus dem 2. und 3. Jahrhundert. Auffallend ist seine reiche ornamentale Ausgestaltung mit Hilfe verschiedenster Steinsorten. Ab dem 14. Jahrhundert wurde der Turm als Abfalldeponie des Franziskanerinnenklosters St. Klara benutzt. 1833 wurde der Turm umgebaut, aufgestockt und als Wohnhaus genutzt, bis er 1874 Eigentum der Stadt Köln wurde. Etwa 200 m weiter in südlicher Richtung steht der Helenenturm, ein weiterer, jedoch schmuckloser Turm der römischen Stadtbefestigung. Der Römerturm befindet sich an der Zeughausstraße/Ecke St. Apern-Straße.

Ubiermonument

Zur Römerzeit nahm der Rhein einen anderen Verlauf als heute. Damals war die heutigen Rheinuferstraße das Flussgebiet des Rheins und das Ubiermonument die Stelle, an der sich die südliche Einfahrt des Kölner Hafens befand. Der Hafenturm liegt heute unterirdisch, stammt aus dem 4. Jahrhundert nach Christus und ist der älteste Quaderbau nördlich der Alpen. Das Ubiermonument steht im Keller des Hauses Malzmühle. 400

Lysolphturm

Der Lysolphturm stammt ebenfalls aus der Römerzeit. Seine Bezeichnung geht in die Zeit des Mittelalters zurück, als er von einer Familie namens Lysolph bewohnt wurde. Der Turm wurde 1964 beim Bau der U-Bahn frei gelegt und befindet sich an der Komödienstraße/Ecke Nord-Süd-Fahrt und ist frei zugänglich.

Heumarkt und Alter Markt

Der Heumarkt und der Alter Markt befinden sich im Zentrum der Altstadt. In der Römerzeit war an der Stelle des heutigen Heumarktes ein Sumpf, der im Mittealter trocken gelegt und zu einem Handelsplatz ausgebaut wurde. In erster Linie wurde hier mit Heu gehandelt, daher der Name. Im Haus Heumarkt 65 unterhielten zwischen Juni 1848 und Juni 1849 Karl Marx und Friedrich Engels die Redaktionsbüros für ihre »Neue Rheinische Zeitung«. Der Platz wird 1848
von dem Kolossaldenkmal für Friedrich Wilhelm III. von Preußen

dominiert und galt im 17. Jahrhundert als einer der schönsten Plätze in Europa.

Neben dem Heumarkt ist der Alter Markt der größte Altstadtplatz in Köln. In der Römerzeit lag der Platz noch vor der Rheinmauer und wurde als Hafen genutzt. Im Laufe der Zeit versandete der Haven jedoch und wurde im Rahmen der Stadterweiterung letztendlich zugeschüttet. Erstmals urkundliche Erwähnung fand er im Jahr 992 nach Christus. Am Alter Markt wird alljährlich am 11.11. um 11.11 Uhr die neue Karnevalssession mit Live-Konzerten eröffnet und an Weiberfastnacht beginnt hier der Kölner Straßenkarneval.

1885 Der Heumarkt hat eine lange Tradition. Bis 1885 fand auf dem Platz ein Weihnachtsmarkt mit Holzbuden (Hötte) statt. Die Kölner nennen diesen Brauch „en de Hötte" gehen, was seit 2005 auf dem Heumarkt wieder möglich ist; dank der Stadt Köln. Sie hat die Weihnachtsmarktkultur auf dem historischen Markt neu aufleben lassen. Das lag vermutlich unter anderem daran, dass der Markt Ende der 90er Jahre neu gestaltet wurde, zum Beispiel entstand eine Tiefgarage mit 460 Parkplätzen. Mittlerweile wird der Markt auch für Konzerte und Feste genutzt.

Die Geschichte des Alter Marktes geht auf ein Haus mit dem Namen „Alter Markt" zurück. Es findet zum ersten Mal 1215 Erwähnung. Zu jener Zeit wurden vor dem Haus Äpfel verkauft, weshalb es auch „Zur Britzele am Apfelmarkt" genannt wurde.

Neben der Funktion als Marktplatz diente der Alter Markt in der Foglezeit als Turnierplatz und als Gerichts- und Richtstätte. Dort gab es einen Pranger und ein Drillhäuschen, das erstmals 1424 dokumentiert wurde. Ein Drillhäuschen war ein drehbarer Käfig, in den man Straftäter einsperrte und öffentlich zur Schau stellte.

Heute befindet sich in der Mitte des Alter Markts ein Brunnen mit
einem Denkmal für Jan von Werth (1593–1652), den der Bildhauer 1593
Wilhelm Albermann erbaute. Der Legende nach war Werth ein Kölner Bauernbursche, der in die Magd Griet verliebt war. Er soll ihr aber nicht fein genug gewesen sein, weshalb sie ihn ablehnte. Daraufhin zog er in den Dreißigjährigen Krieg, aus dem er als Reitergeneral nach Köln zurückkehrte. Die Magd bedauerte dann, Werth verschmäht zu haben.

Direkt gegenüber dem Denkmal befindet sich die „Jan-von-Werth- 1960
Apotheke", sie ist die älteste Apotheke der Stadt Köln. Außerdem ist auf dem Alter Markt das Kölner Rathaus beheimatet, das Elemente der Neorenaissance aufweist und im Zweiten Weltkrieg vollständig zerstört wurde. Der Wiederaufbau fand zwischen 1960 und 1972 unter der Leitung des Architekten Karl Band statt.

Zur Neugestaltung des Alter Marktes gehören außerdem Werke, des Düsseldorfer Bildhauers Ewald Mataré, unter anderem die Skulptur des „Kallendressers" (ein Kallendresser ist jemand, der seine Notdurft in der Regenrinne ablässt). Die Skulptur stellt einen Zwerg dar, der seine Hosen heruntergelassen hat und dem Betrachter seinen nackten Po zeigt.

Die Entstehung dieses Kunstwerkes geht auf mindestens zwei Legenden zurück. In einer davon heißt es, zwei Bewohner vom Alter Markt hätten Streit gehabt, weil einer von beiden stets bei offenem Fenster Tuba geblasen haben soll. Derjenige, der über die Tuba-Töne nörgelte, wohnte ein Stockwerk über dem Musiker und hat ihm angeblich von oben die Tuba mit seinen Ausscheidungen verstopft.

Eine andere Version erzählt, dass die Kölner ihren Unmut über die Politk zum Ausdruck bringen wollten. Wer die Skulptur einmal gerne selbst betrachten möchte, findet den Kallendresser am Haus Nr. 24, Alter Markt. Er ist an der Fassade befestigt.

Kulturtempel in Köln

Kölner Philharmonie

Die Kölner Philharmonie

Die Kölner Philharmonie ist ein Gebäudekomplex des Museums Ludwig. Der Entwurf ging in den 80er Jahren aus einem Wettbewerb hervor den die Architekten Busmann und Haberer gewannen. Um eine möglichst gute Akustik zu erreichen, wurde der Konzertsaal einem Amphitheater nachempfunden. Deshalb gibt es im ganzen Saal keine Wände, die sich parallel gegenüber liegen, um kein unerwünschtes Echo entstehen zu lassen.
Der gesamte Raum wird von einer trägerlosen Dachkonstruktion überspannt und hat Platz für bis zu 2000 Personen.
Der Konzertsaal liegt unterhalb des öffentlich begehbaren Heinrich-Böll-Platzes wodurch sich bisweilen unangenehme Schrittgeräusche von Fußgängern in das Innere des Konzertsaales übertragen.
Aus diesem Grund wird der Platz während Aufführungen in der Philharmonie abgesperrt und bewacht. In der Philhamonie werden jährlich etwa 400 Konzerte gegeben, hauptsächlich aus dem Bereich der klassischen Musik, aber auch sinfonische und kammermusikalische Werke sowie Jazzsessions und Folk- und Popevents.
Das Haus ist Sitz des Gürzenich-Orchesters sowie des WDR Sinfonieorchesters Köln.

Das Kölner Opernhaus

Die Kölner Stadtverordneten beschlossen Mitte1898 den Bau eines Opernhauses. Es wurde am Habsburgerring erbaut und sollte zu einem eindrucksvollen Bauwerk werden.

Opernhaus um 1930

Das wurde es auch, denn mit seinen 1800 Sitzplätzen zählte es zu den größten Opernhäusern in Deutschland. Die erste Oper wurde zwischen den Jahren 1900 und 1902 nach den Plänen des Architekten Carl Moritz im Stil der Neorenaissance errichtet. Das Gebäude war fünf Stockwerke hoch und enthielt Elemente aus Barock und Jugendstil. Der große Innenraum war mit Figuren und Wandmalereien üppig ausgestattet. Das Opernhaus konnte dann am 6. September 1902 mit dem dritten Akt aus Richard Wagners »Meistersinger« eröffnet werden. Im Zweiten Weltkrieg wurde das Gebäude jedoch

1902

1943 bei einem Luftangriff so stark beschädigt, dass man es schließlich 1958 abreißen ließ.

In der Zwischenzeit beschäftigte man sich mit dem Bau einer neuen Oper, die nach den Plänen des Architekten Wilhelm Riphahn am Offenbachplatz erbaut wurde. Der Bau war in seiner Erscheinung ein Bekenntnis zur Moderne und sollte sich daher besonders dem zeitgenössischen Musiktheater widmen.

1957

Die neue Oper wurde am 8. Mai 1957 in Anwesenheit des damaligen Bundeskanzlers und Alt-Oberbürgermeisters von Köln, Konrad Adenauer, eingeweiht. Als erste Premiere des neuen Hauses wurde Carl Maria von Webers »Oberon« aufgeführt. Die Oper umfasst 1346 Sitzplätze, gehört zu den Bühnen der Stadt Köln und zählt zu den »großen Häusern«.

Das Kölner Schauspielhaus

Die Geschichte des Theaters reicht in Köln bis in das Mittelalter zurück. Ein erstes Gebäude wurde zunächst 1782 in der Schmierstraße errichtet, der heutigen Komödienstraße. 1782

Das Haus war die erste städtische Bühne in Köln. 1872 wurde ein zweites Schauspielhaus in der Glockengasse errichtet. Beide Gebäude wurden 1942 im Zweiten Weltkrieg bei einem Luftangriff zerstört.
Nachdem vorübergehend Aufführungen in einer provisorischen Spielstätte in der Aula der Universität zu Köln statt fanden, konnte man 1957 in ein sogenanntes Mehrspartenhaus umziehen in dem Opern, Operetten als auch Ballett- und Theaterinszenierungen aufgeführt wurden. 1962
1962 wurde schließlich das Schauspielhaus am Offenbachplatz fertig gestellt, das ebenso wie die Oper von dem Architekten Wilhelm Riphahn entworfen wurde. Das Gebäude verfügt über 1010 Plätze, 830 im sogenannten »Großen Haus«, 120 in der »Schlosserei« und 60 im Erfrischungsraum.

Volkstheater Millowitsch

1792 Bereits im Jahr 1792 fand der Name Millowitsch mit dem Stockpuppenspieler Michael Millowitsch erste Erwähnung. 1793 wurde das Puppentheater von seinem Sohn Franz Andreas übernommen der vorbeigehende Passanten mit seinem mobilen Theater unterhielt. 1830 wurde sein Sohn Josef Caspar geboren, der eine erste feste Spielstätte in Köln bezog, es wurde aber weiter hin mit Stockpuppen gespielt.

Das Millowitsch-Theater auf der Aachener Straße

Erst die nächste Generation mit Wilhelm Josef Millowitsch stellte das Theater auf echte Schauspieler um. Als Wilhelm Josef Millowitsch 1909 starb, übernahm seine Frau Emma bis 1920 die Leitung des Theaters, ihr folgte ihr 1880 geborener Sohn Peter. Zu dieser Zeit war die Familie wegen der Wirtschaftskrise gezwungen, ständig an wechselnden Orten zu spielen, bis sich dann 1936 Peter Millo- 1936
witsch entschloss, sich am heutigen Standort an der Aachener Straße in der Nähe des Rudolfplatzes niederzulassen.

1940 wurde die Leitung des Theaters von Sohn Willy Millowitsch übernommen, der das Haus nach dem Krieg zusammen mit seiner Schwester Lucy führte.

Mit dem Stück »Der Etappenhase« fand im Oktober 1953 die erste 1953
Live-Übertragung eines Bühnenstückes im WDR-Fernsehen statt, dem mehr als 100 weitere Stücke folgen sollten.

Willy Millowitschs Sohn Peter übernahm 1998 die Leitung des 1998
Volkstheaters. Willy Millowitsch starb 1999 unter großer Anteilnahme der Kölner Bevölkerung.

Das Hänneschen-Theater

1802 Das Hänneschen-Theater ist ein traditionelles Stockpuppentheater, geründet wurde es 1802 von dem Bonner Schneider Johann Christoph Winters in der Mauthgasse. In der Anfangszeit wurden einfache Krippenspiele für Kinder in der Adventszeit aufgeführt.

Trotz häufig wechselnder Spielstätten hatte Winters von Anfang an Erfolg und bereits im Karnevalszug 1823 war er mit vertreten, was bis heute so geblieben ist. Winters starb 1862 und das Theater wurde von Peter Josef Klotz weiter geführt der mit einer Enkelin Winters verheiratet war. Nach dem Tod von Peter Josef Klotz, 1919, dem letzten Mitglied der Puppenspielerfamilie, wurde das beliebte Theater geschlossen und erst im Oktober 1926 als »Puppenspiele der Stadt Köln« wiedereröffnet.

Die Hauptakteure, zum Beispiel Hänneschen und Bärberlchen, Tünnes und Schäl, spiegeln die typischen Charaktereigenschaften der Kölner wider. Die verschiedenen Stücke, die zur Aufführung gelangen, sind gleichermaßen für Kinder und Erwachsene geeignet; besonders beliebt ist die alljährliche Puppensitzung, die in der Karnevalszeit aufgeführt wird. Das Hänneschen-Theater liegt im Eisenmarkt im südlichen Martinsviertel. Vor dem Gebäude befindet sich das Willy Millowitsch-Denkmal.

Millowitsch-Denkmal vor dem Hänneschen-Theater, Eisenmarkt

Berühmte Kölner Persönlichkeiten

Agrippina, die Jüngere (15–59 n. Chr.)

Agrippina gilt als die Gründerin Kölns. Sie wird im Kölner Karneval noch heute durch die Jungfrau des Kölner Dreigestirns symbolisiert.

Iulia Agrippina wird am 6. November 15 n. Chr. in Oppidum Ubiorum, einem römischen Vorposten am Rhein geboren. Dieser Vorposten wurde später nach ihr in Colonia Agrippinensis, dem heutigen Köln, umbenannt.

Iulia Agrippina zur Unterscheidung ihrer Mutter oft Agrippina, die Jüngere (Agrippina minor) genannt, war die Tochter des römischen Feldherrn Germanicus und der Agrippina (der Älteren) und somit Urenkelin des Kaisers Augustus und Schwester des Caligula.
Bereits im jungen Alter von 13 Jahren wurde Agrippina verheiratet. Mit ihrem Gatten Gnaeus Domitius Ahenobarbus hatte sie im Jahre 37 ihren einzigen Sohn Nero gezeugt. Er wurde später Kaiser von Rom und eine der umstrittensten Personen in der Weltgeschichte.
Im Jahr 39 wurde Iulia Agrippina, nach dem Tod ihres Gemahls, wegen einer Verschwörung gegen Caligula in die Verbannung geschickt, aus der sie aber nach seiner Ermordung wieder zurückkehren konnte.

Sie heiratete ein weiteres Mal. Als auch ihr Gatte Passienus Crispus starb, heiratete sie 49 n. Chr. ihren Onkel Claudius. Um die Thronfolge Neros zu sichern, verheiratet sie den 16-jährigen mit Claudius

12-jähriger Tochter Octavia und drängte den Kaiser zur Adoption ihres Sohnes. Und obwohl Claudius einen eigenen Sohn, Britannicus, hatte, gab der schwächliche Kaiser dem Drängen Agrippinas nach. Er adoptierte Nero am 25. Februar 50, ernannte ihn zu seinem Nachfolger und erhob Agrippina zur Augusta (Ehrentitel). Agrippinas Macht stieg und so soll sie auch die Gründung der Stadt Colonia Ara Agrippinensium durchgesetzt haben.

Agrippina verfolgte stets das Ziel, ihren Sohn zum Kaiser zu machen. Deshalb sorgte sie für eine hervorragende Ausbildung Neros in Literatur, Latein und Mathematik. Nach Vollendung seines zwölften Lebensjahres übertrug sie Seneca, einem schon damals bekannten Philosophen, die Ausbildung ihres Sohnes.

Seneca prägte das Leben Neros entscheidend. Vor allem anderen interessierte sich der junge Nero jedoch für Kunst und flüchtete mehrmals ins Theater. Nachdem Agrippina im Jahr 54 Kaiser Claudius vergiften ließ, wurde Nero zum Kaiser ausgerufen. Da sie starken Einfluss auf den erst 17-jährigen Nero und dessen Regierungsgeschäfte ausübte, konnte sie ihre Machtposition weiter ausbauen. Jedoch verlor Agrippina nach und nach die Kontrolle über ihren Sohn. Mit Intrigen, Verschwörungen und auch mit Bestechungen versuchte sie Nero zu schützen. Aber nach kurzer Zeit überwarf sich der junge Kaiser mit seiner Mutter, die er fürchtete. Agrippina geriet mehr und mehr in den Hintergrund. Nach einem ersten Mordversuch, den Agrippina überlebte, gelang es dem bereits deutliche Zeichen von Caesarenwahn aufweisenden Nero schließlich seine Mutter am 23. März 59 ermorden zu lassen. Wie es übliche Praxis war, zog er das Vermögen der Hingerichteten ein.

Ferdinand Franz Wallraf (1748-1824)

Ferdinand Franz Wallraf war ein deutscher Botaniker, Mathematiker, Theologe, Arzt, Priester und bedeutender Kunstsammler.

Ferdinand Franz Wallraf wurde am 20. Juli 1748 als Sohn eines Schneidermeisters in Köln geboren. Nach dem Gymnasium schloss er 1767 die Artistenfakultät (Vorläufer geisteswissenschaftlicher und mathematischer Fakultäten), mit dem Grad Magister Artium ab. Fortan bestritt er seinen Lebensunterhalt als Lehrer. Aus Geldnot konnte er vorerst weitere Studien nicht fortsetzen. Nachdem er 1772 durch den Weihbischof Karl Aloys von Königsegg-Aulenhof zum Priester geweiht wurde, konnte er mithilfe seines Freundes Professor Menn das Studium der Medizin aufnehmen. Darin erwarb der eifrige Lehrer am 1. Juni 1778 das Baccalaureat und am 3. August 1780 den Magister. Die Universität Köln verlieh Wallraf am 18. August 1784 eine Professur, die mit einem Kanonikat (Kanonissen sind Kleriker aller Weihestufen) an St. Maria im Kapitol verbunden war. Im Folgejahr wurde er mit einem Reformversuch der Stadt Köln zur Verbesserung des Schul- und Universitässystems beauftragt. Jedoch wurde diese Arbeit von Seiten der Stadtregierung wieder verworfen.

Als Doktor der Philosophie promovierte er 1788 auch zum Doktor der Medizin und wurde zudem von 1793 bis 1796 zum Rektor der Universität gewählt. Außerdem erwarb er 1795 ein zweites Kanonikat an St. Aposteln zu Köln. 1799 wurde Wallraf Lehrer der Zentralschule, nachdem die französischen Besatzer die Universität aufgehoben hatten. Als Professor für Botanik und Naturgeschichte erhielt er am 28. Oktober 1798 die Professur der Schönen Wissenschaften. Da die französischen Besatzer zahllose Kirchen abrissen, versuchte Wallraf, Anhänger der schönen Künste, in den Folgejahren fortan Kunstgegenstände (darunter römische Ausgrabungsstücke, mittelalterliche Gemälde, religiöse Kunstwerke, Bücher, Münzen u.v.m.) zu retten und sammelte alles, was mit der Kölner Geschichte verbunden war.

Die Stadt Köln verlieh dem erfolgreichen Kunstsammler zu Ehren seines 75. Geburtstages 1823 die Ehrenbürgerwürde. Wallraf war der Erste, dem diese Ehrung zuteil wurde.

Ferdinand Franz Wallraf verstarb am 18. März 1824 und wurde auf dem Kölner Friedhof Melaten beigesetzt.

Seinen Nachlass vermachte der universal gebildete und interessierte Wallraf der Stadt Köln. Die Sichtung und Katalogisierung seiner umfangreichen Kunstsammlung hat fast zwei Jahre gedauert. Die Stadt stellte seine Sammlungen zuerst von 1827 bis 1860 im »Wallrafianum« aus. Aus diesem ersten Museum gingen viele Kölner Museen hervor. Der größte Teil der Sammlung befindet sich heute im Wallraf-Richartz-Museum.

Jacques Offenbach (1819-1880)

Jacques Offenbach war ein Komponist, Cellist und gilt als Begründer der modernen Operette.

Jacques Offenbach wurde als Jakob Offenbach am 20. Juni 1819 in Köln geboren. Sein Vater Isaac war Kantor und unterrichtete den Jungen schon frühzeitig im Cello- und Violinespiel. Bereits in jungen Jahren trat Jacques Offenbach mit seinen Instrumenten in Gasthäusern auf.
Der Vater, überzeugt vom Talent seines Sohnes, schickte Jacques im Alter von 14 Jahren zum Studium nach Paris, wo er direkt von Luigi Cherubini an dem dortigen Konservatorium aufgenommen wurde. In der Seinemetropole änderte der Student seinen Vornamen von Jakob in Jacques.
Aufgrund seines virtuosen Cellospiels konnte er Engagements in verschiedenen Boulevardtheatern erhalten. Er spielte mit Pianisten wie Rubinstein, Liszt und Mendelssohn. Im Jahre 1849 wurde er Dirigent im »Theatre francais«. Für die dort aufgeführten Theaterstücke schrieb er außerdem die Bühnenmusik. Anlässlich der Weltausstellung 1855 gründete er sein eigenes Theater, das »Theatre des Bouffes-Parisiens«. Hier produzierte er mehrere Einakter und war auch als Theaterdirektor tätig. Mit seiner ersten abendfüllenden Operette »Orphee aux enfers« (Orpheus in der Unterwelt) hatte Offenbach 1858 einen so großen Erfolg dass er in ganz Europa bekannt wurde. Offenbach kreierte das Genre der musikalischen Zeitsatire, später Offenbachiade genannt.

1860 wurde er zum Ritter der Ehrenlegion und erhielt das französische Bürgerrecht. Die Direktion seines Theaters gab er 1861 wieder auf, fortan widmete er sich nur noch seinen Kompositionen.

Der Ruhm des gefeierten Künstlers begann 1870 wegen des Deutsch-Französischen-Krieges zu schwinden. Aufgrund seiner deutschen Herkunft diskriminierte ihn das französische Publikum, man bezeichnete ihn sogar als Spion von Bismarck. Von 1873 bis 1875 hatte er die Leitung des »Theatre de la Gaite« inne. 1877 begann der Operettenkomponist Offenbach mit der Komposition seiner einzigen Oper »Les Contes d´ Hoffmann« (Hoffmanns Erzählungen). Dieses Werk ist neben »Carmen« von Georges Bizet die meistgespielte französische Oper.

Jacques Offenbach starb kurz vor der Erstaufführung seiner Oper am 5. Oktober 1880 und wurde auf dem Friedhof Montmartre in Paris beigesetzt.

Willi Ostermann (1876-1936)

Willi Ostermann war einer der populärsten und erfolgreichsten Liedermacher der Kölschen Mundart.

Willi (eigentlich Wilhelm) Ostermann wurde am 1. Oktober 1876 in Köln geboren.
Schon in seiner Kindheit begeisterte sich Willi Ostermann für vorbeiziehende Militärmusikkapellen und kannte alle Karnevalslieder auswendig.
Nach Ende der Schulzeit begann er eine Ausbildung in einer Druckerei als Stereotypeur und Galvanoplastikers.
Nachdem er einige Erfahrungen vor eigenem Publikum mit dem Vortragen seiner selbst verfassten Gedichte und eigenem Puppentheater sammeln konnte, trat er 1895 einer Laientheaterspielgruppe bei. So konnte er etwas Geld »nebenbei« verdienen. Seine Bemühungen ein festes Engagement in einem Varietee oder in einem Theater zu finden, setzte er mit Entschlossenheit fort.

Mit seinem Lied „Et Düxer Schötzefeß" erlangte er 1899 bei einem Auftritt beim Deutzer Schützenverein örtliche Berühmtheit.
Mit seinem Karnevalsschlager »Däm Schmitz sing Frau eß durchgebrannt« schuf er in der Session 1906/07 den Rosenmontagshit schlechthin. Viele weitere Hits in Kölscher Mundart sollten folgen.
Endlich konnte er mit dem Komponieren und Verlegen eigener Lieder und Schlager seinen Lebensunterhalt bestreiten. Die meisten Lieder trug er selbst vor, er komponierte aber auch im Auftrag anderer Künstler. Inzwischen war er über die Grenzen Kölns hinaus bekannt geworden und wurde in ganz Deutschland für Auftritte gebucht.

Deshalb konnte er sich nicht mehr nur auf die »Kölsche Sproch« beschränken. Er schrieb Lieder für ein breiteres Publikum in Hochdeutsch und feierte mit seinen Schallplatten außerordentliche Verkaufserfolge. Allerdings musste er sich gegen Ende der 1920er Jahre, als die Wirtschaftslage in Deutschland schlechter wurde, mit weniger Auftritten zu kleiner Gage begnügen. In dieser Zeit verlegte er auch Lieder anderer Komponisten in seinem Verlag und schrieb Werbetexte.

In den 1930er Jahren war Willi Ostermann wieder gut gebucht. In zahlreichen Gastspielen konnte er seine »Krätzchen« zum Besten bringen. 1936 musste er sich einer Magenoperation unterziehen. Während seiner Genesungszeit schrieb er sein letztes Lied »Heimweh nach Köln«. Dieses Lied gilt bis heute als inoffizielle Kölner Stadthymne.

Willi Ostermann starb am 6. August 1936 im Krankenhaus. Bei seiner Beisetzung begleiteten Zehntausende Kölner Bürger den Trauerzug.

Zu Ehren des großen Kölner Liedermachers wurde 1967 die Willi-Ostermann-Medaille gestiftet. Diese Ehrung ist die höchste Auszeichnung des Kölner Karnevals und wird für besondere Verdienste um das Kölsche Liedgut und das Kölsche Brauchtum verliehen.

Liedtext zu »Heimweh nach Köln«

In Köln am Rhing bin ich jebore,
ich han, un dat litt mir im Senn,
ming Muttersproch noch nit verlore,
dat es jet wo ich stolz drop ben.

Wenn ich su an ming Heimat denke
un sinn d'r Dom su vür mer stonn,
mööch ich tireck op Heim ahn schwenke,
ich mööch zo Fooß noh Kölle jonn,
mööch ich tireck op Heim ahn schwenke,
ich mööch zo Fooß noh Kölle jonn.

Un deit d'r Herrjott mich ens rofe,
däm Petrus sagen ich alsdann:
Ich kann et räuhig dir verzälle,
dat Sehnsucht ich noh Kölle han.

Wenn ich su an ming Heimat denke...

Un luuren ich vum Hemmel-spözje
dereins he op ming Vatterstadt,
well stell ich noch do bovven sage,
wie jän ich dich, mi Kölle, hatt.

Wenn ich su an ming Heimat denke...

Konrad Adenauer (1876-1967)

Konrad Adenauer war Oberbürgermeister der Stadt Köln und der erste Bundeskanzler der Bundesrepublik Deutschland.

Konrad Hermann Joseph Adenauer wurde am 5. Januar 1876 als drittes von fünf Kindern in Köln geboren. Nach dem Abitur studierte er Rechts- und Staatswissensschaft.
1917 wurde er Oberbürgermeister der Stadt Köln. Der damals erst 30-jährige Adenauer war somit der jüngste Oberbürgermeister einer Großstadt.
Als Anwärter für das Reichskanzleramt war er in der Weimarer Republik mehrfach in der Diskussion. Allerdings konnte er seine politischen Ansichten nicht durchsetzen. Zudem bezog er, für die damaligen Verhältnisse, ein stattliches Gehalt und war außerdem in der politischen Situation, verschiedene Projekte durchzusetzen. Deshalb galt er lange Zeit als teuerster Oberbürgermeister im Deutschen Reich.

Außerordentliche Weitsicht bewies Adenauer im Ersten Weltkrieg. Schon frühzeitig sah er den Krieg als verloren an und begann Lebensmittel, z.B. Graupen, anzuhäufen. Die Kölner Bevölkerung nannte ihn deshalb liebevoll „Graupenauer".
Bereits im Jahr 1931 zeigte Adenauer den Nationalsozialisten die Stirn. Nachdem diese in einer Nacht-und-Nebel-Aktion auf den Rheinbrücken Hakenkreuzflaggen hissten, ließ Adenauer diese prompt wieder entfernen.

Nach Hitlers Machtergreifung enthob die NSDAP Adenauer seiner politischen Ämter. Bedroht von den Nazis, die ihm Dienstvergehen vorwarfen und sogar auf Wahlplakaten „Adenauer an die Mauer" forderten, erhielt er Hilfe von seinem Freund Ildefons Herwegen. Dieser war Abt von Maria Laach, einer hochmittelalterlichen Klosteranlage in der Eifel.

In der NS-Zeit wurde Adenauer, gegen den nie konkrete Vorwürfe der Widerstandsbeteiligung erhoben werden konnten, mehrfach inhaftiert. 1944 wurde er aus dem Gefängnis Brauweiler entlassen.

1945 war er noch einmal für einige Monate Oberbürgermeister der Stadt Köln, nachdem ihn die Amerikaner in das Amt eingesetzt hatten. Die Briten enthoben ihn wieder seines Amtes.

Bevor Konrad Adenauer erster Bundeskanzler der Bundesrepublik Deutschland wurde, war er seit dem 1. September 1949 Vorsitzender der gemeinsamen Bundestagsfraktion von CDU und CSU.

Als erster Bundeskanzler der Bundesrepublik Deutschland (1949-1963) trat er dem wesentlichem Wirtschafts- und Verteidigungsbündnis und setzte sich die Aussöhnung mit Frankreich sowie den Ausbau der sozialen Marktwirtschaft zum Ziel.

Konrad Adenauer starb am 19. April 1967 nach kurzer Grippe und drei Herzinfarkten in seinem Haus in Rhöndorf.
Er war zweimal verheiratet und hatte acht Kinder.

Verdienste für die Stadt Köln:

Nach dem verheerenden Krieg konnte er durchsetzen, dass aus dem alten preußischen Festungsring, der nach dem Willen der Britischen Besatzer ein Ödland bleiben sollte, ein Grüngürtel wurde. Der Grüngürtel ist eine planmäßig angelegte Grünzone, die sich halbkreisförmig um die Stadt Köln an beiden Ufern des Rheins legt. Hier konnte und kann die Kölner Bevölkerung, bei Spaziergängen und in zahlreichen Lokalitäten, Entspannung in der freien Natur finden.
Außerdem wurden während Adenauers Amtszeit die Messe, die Universität zu Köln und die Kölner Werkschulen neu- beziehungsweise wiedereröffnet.

Konrad Adenauer ruhte nicht in seinen Bemühungen, ausländische Investoren nach Köln zu holen. Bereits 1927 konnte er eine Zusage von Citroën für eine Automobilfabrik erhalten. Allerdings kam das Projekt letztendlich nicht zu Stande. Jedoch konnte er nach intensiven Verhandlungen mit dem US-amerikanischen Autohersteller Ford das Unternehmen davon überzeugen, ein komplett neues Werk in Köln zu errichten.

Zitate:

»Ich bin wie ich bin. Die einen kennen mich, die anderen können mich.«

»Wir leben alle unter dem gleichen Himmel, aber wir haben nicht alle den gleichen Horizont.«

»Nehmen Sie die Menschen, wie sie sind, andere gibt's nicht.«

„Machen Sie sich erst einmal unbeliebt, dann werden Sie auch Ernst genommen."

»Notlügen gibt es nicht. Man ist immer in Not, also müsste man immer lügen.«

»Man darf niemals 'zu spät' sagen. Auch in der Politik ist es niemals zu spät. Es ist immer Zeit für einen neuen Anfang.«

»Jede Partei ist für das Volk da und nicht für sich selbst.«

»Was interessiert mich mein Geschwätz von gestern.«

»Wer Berlin zur neuen Hauptstadt macht, schafft geistig ein neues Preußen.«

»Es gibt zwei Wege für den politischen Aufstieg: Entweder man passt sich an oder man legt sich quer.«

»Es gibt Dinge, über die spreche ich nicht einmal mit mir selbst.«

Willy Millowitsch (1909-1999)

Willy Millowitsch stammt aus einer alten Schauspielerdynastie. Er war ein Volksschauspieler Kölscher Mundart, Theater- und Filmschauspieler und Leiter des privaten Millowitsch-Theaters auf Köln.

Willy Millowitsch wurde am 8. Januar 1909 der Eheleute Peter Wilhelm und Käthe Millowitsch in Köln geboren. Schon in seiner Kinderzeit interessierte sich der kleine Willy mehr für das Theater seines Vaters als für die Schule. Und so blieb es nicht aus, dass der Junge, bereits im Alter von 13 Jahren, die Schule »schmiss« und als Schauspieler in das aufregende Treiben des Theaters wechselte. 1940 übernahm er als Regisseur und Hauptdarsteller schließlich auch die Leitung des väterlichen Theaters. Diese Position sollte er über fünf Jahrzehnte behalten, bevor er die Leitung der Bühne an seinen Sohn Peter abgab.

Während Köln im Zweiten Weltkrieg durch Bombenangriffe fast vollständig zerstört wurde, blieb das Millowitsch-Theater nahezu verschont. Auf Wunsch des damaligen Oberbürgermeisters Konrad Adenauer wurde der Spielbetrieb mit täglich zwei Vorstellungen bereits im Herbst 1945 wieder aufgenommen.

Am 27. Oktober 1953 übertrug der WDR das erste Mal live aus dem Kölner Millowitsch-Theater. Gezeigt wurde das Erfolgsstück »Der Etappenhase«.

In den folgenden Jahrzehnten war Millowitsch überall präsent. Er war im Radio zu hören, übernahm Rollen für etliche TV- und Kinoproduktionen an der Seite von Filmgrößen wie Lieselotte Pulver, Harald Juhnke, Peter Alexander u.v.m.

Mit seiner typisch kölschen Mundart wirkte er in mehr als 60 Fernseh- und Kinoproduktionen mit.
Außerdem feierte der beliebte Volksschauspieler weiterhin große Publikumserfolge auf seiner Theaterbühne.
Auch als Sänger war Willy Millowitsch sehr erfolgreich. Über Jahrzehnte gehörte das Urgestein des Kölschen Karnevals zu den erfolgreichsten und beliebtesten Interpreten von Karnevalsliedern.
Allein sein Hit »Schnaps, das war sein letztes Wort« verkaufte sich 900.000 Mal. Das Lied »Ich bin ene Kölsche Jung« wurde zu seinem »Markenzeichen« und ist bis heute mit seinem Namen verbunden.

Als erster Preisträger erhielt Millowitsch 1983 den vom WDR initiierten Filmpreis »Telestar«.

1986 feierte er das 50-jährige Jubiläum seines Theaters an der Aachener Straße und drei Jahre später ernannte ihn die Stadt Köln zum Ehrenbürger. Bis ins hohe Alter blieb er seiner Passion treu und begeisterte sein Publikum weiterhin in seinen Rollen.
Im Jahr 1994 wurde der Schauspieler Millowitsch mit dem Bundesverdienstkreuz ausgezeichnet. Für seine Rolle in »Klefisch - Klefischs schwerster Fall« stand er 1995 letztmals vor der Kamera.

Willy Millowitsch starb am 20. September 1999 an Herzversagen. Die Totenmesse wurde von Weihbischof Dr. Friedhelm Hofmann im Kölner Dom gehalten, was sonst nur kirchlichen Würdenträgern vor-

behalten ist. Der Trauerzug wurde von Tausenden Kölner Bürgern begleitet und live vom WDR übertragen.
Kurz nach seinem Tod benannte die Stadt Köln einen Platz in der Nähe der Aachener Straße „Willy-Millowitsch-Platz".

Seit 2003 wird jährlich die Willy-Millowitsch-Medaille an Persönlichkeiten verliehen, die sich um die »Kölsche Rede« besonders verdient gemacht haben.

Willy Millowitsch war zweimal verheiratet. Mit seiner zweiten Ehefrau Gerda Feldhoff hatte er vier Kinder: Katarina, Peter, Susanne und Mariele.
Mariele ist Schauspielerin und in vielen TV-Produktionen zu sehen.
Peter übernahm 1998 das Millowitsch-Theater.

Liedtext zu »Ich bin ene Kölsche Jung«

Als kleine Jung hat ich mich ens
verlaufe,
ich jläuf ich wollt m'r nur e
Rahmkamellsche kaufe,
ich fung ming Stroß nit mih, jo
dat wor schwer,
ne Schutzmann frochte mich,
Wo besde her?
Ich hatt en Angs, hä nohm mich
beim Schlawitsche,
em Jeis saah ich mich schon
terektdemang em Kittsche,
doch spot ich janz jenau, hä
meint et joot met mir,
ich säht ihm dann treu hätzich
op ming Ihr.

Ich ben e'ne Kölsche Jung, wat
willste maache?
Ich ben e'ne Kölsche Jung un

dun jään laache.
Ich ben och söns nit schlääch,
nä ich ben brav,
Ming Lieblingswöötsche, heiss
Kölle Alaaf!

Ich deit och schwer aan minger
Mutter hänge,
wenn se och menchesmol met
mir deit kräftig schänge,
doch wor em Jrund ich doch, dä
leeve Jung,
su leich braat ich se nit us dem
Verzung,
un hat ich ens e Sammeltass
zerbroche ,
dann daach ich janz bestimmp
jetzt häsde jet verbroche,
die Mam säät nor för mich, du
küss nit vör de Tür,
ich säät dann, Mam ich kunn
doch nix doför.

Ich ben e'ne Kölsche Jung, wat
willste maache?
Ich ben e'ne Kölsche Jung un
dun jään laache.
Ich ben och söns nit schlääch,
nä ich ben brav,
Ming Lieblingswöötsche, heiss
Kölle Alaaf!

Ich rode dir, loss nie d'r Kopp
ens hange,
laach doch em Levve nur, dann
weesde dich schun fange,
denn wenn de nit mi laachs, dat
is verkeht,
sing doch ding Muttersproch op
Kölsche Leed,
sing so wie ich, da bruchst dich
nit zu schamme,
Sing su wie ich, du bruchs dich
nit ze schamme,
und hässde Truusverloss, dann
singe mir zesamme,
wenn do dann einesdaachs
vör'm Himmelspötzje steihs,
dann saach dem Petrus heimlich
janz still un leis:

Ich ben e'ne Kölsche Jung, wat
willste maache?
Ich ben e'ne Kölsche Jung un
dun jään laache.
Ich ben och söns nit schlääch,
nä ich ben brav,
Ming Lieblingswöötsche, heiss
Kölle Alaaf!

Heinrich Böll (1917-1985)

Heinrich Böll gilt als einer der bedeutendsten deutschen Schriftsteller der Nachkriegszeit.

Heinrich Theodor Böll wurde am 21. Dezember 1917 als achtes Kind der Eltern Viktor und Maria Böll in Köln geboren. Nach dem Abitur 1937 begann Böll, neben ersten schriftstellerischen Versuchen, eine Buchhändlerlehre, die er aber erfolglos wieder abbrach. 1939 studierte er an der Universität Köln Germanistik und klassische Philologie und schrieb »nebenbei« seinen ersten Roman »Am Rande der Kirche«. Im gleichen Jahr wurde er zur Wehrmacht einberufen und musste sein Studium abbrechen.

1942 heiratete er die Übersetzerin Annemarie Cech. Aus der Ehe gingen vier Söhne hervor. Während des zweiten Weltkrieges geriet Böll in amerikanische Gefangenschaft, aus der er im September 1945 wieder entlassen wurde.

Nach dem Krieg nahm Böll seine schriftstellerische Tätigkeit wieder auf. Als Beitrag zu einem Wettbewerb entstand unter dem Titel »Kreuz ohne Liebe« sein erster Nachkriegsroman, Kurzgeschichten erschienen in Zeitschriften. Einige der besten Kurzgeschichten erschienen 1950 in dem Sammelband »Wanderer, kommst du nach Spa ...«, der Bölls Ruhm als Kurzgeschichtenautor begründete. Die 1950er Jahre bildeten die schöpferischste Phase in Bölls Leben. Seine zahlreichen Werke aus dieser Zeit, z.B. »Wo warst du, Adam?«, »Und sagte kein einziges Wort«, »Dr. Murkes gesammeltes Schweigen und andere Satiren«) beweisen dies. 1961 erhielt er ein Stipendiat der Villa Massimo in Rom. 1963 wurde der Romans »Ansichten eines Clowns« veröffentlicht. Ein zentrales Thema des Romans ist die Kritik am deutschen Katholizismus. Der Beststeller wurde sowohl als Theaterstück inszeniert als auch verfilmt.

1971 erschien sein Roman »Gruppenbild mit Dame«. Auch dieses Buch wurde später verfilmt.
1972 erhielt der Schriftsteller den Nobelpreis für Literatur, der damit zum ersten Mal nach 43 Jahren wieder an einen deutschen Schriftsteller verliehen wurde. Im gleichen Jahr geriet er mit einem Essay für den »Spiegel«, in dem er einen menschlichen Umgang mit den RAF-Terroristen forderte, politisch ins Visier der Presse.

1974 wurde das wohl bekannteste Werk Bölls, »Die verlorene Ehre der Katharina Blum« veröffentlicht, das weltweit in über 30 Sprachen übersetzt wurde und sich allein in Deutschland etwa sechs Millionen Mal verkauft hat. Sein politisches Interesse galt in den folgenden Jahren Deutschland und anderen Ländern wie Polen und der Sowjetunion. Die sowjetischen Dissidenten Alexander Solschenizyn und Lew Kopelew waren Gäste in seinem Haus. Böll hatte zuvor einige Manuskripte Solschenizyns in den Westen geschmuggelt und so erste Veröffentlichungen ermöglicht.

Ende der 70er Jahre unterstützte er Rupert Neudeck in dessen Engagement für die vietnamesischen boat people, aus dem später das Komitee Cap Anamur / Deutsche Notärzte e.V. hervorging.
Der römisch-katholisch erzogene Böll setzte sich auch kritisch mit der katholischen Kirche auseinander, aus der er 1976 austrat.
Böll unterstützte die gegen die NATO-Nachrüstung gerichtete Frie-

densbewegung und nahm 1983 an einer Blockade des Raketenstützpunktes Mutlangen teil.

1984 erwarb die Stadt Köln das literarische Archiv Bölls und richtet eine Böll-Sammlung und Arbeitsstelle ein.

Heinrich Böll starb am 16. Juli 1985 in seinem Haus in Langenbroich/Eifel. Obwohl er einige Jahre zuvor aus der katholischen Kirche ausgetreten war, erhilt er ein kirchliches Begräbnis. Bei der Beerdigung waren viele Kollegen und Politiker anwesend.
Posthum erschien im Herbst sein letzter Roman »Frauen vor Flusslandschaft«.

Auszeichnungen und Ehrungen:
1951 Literaturpreis der »Gruppe 47« für »Die schwarzen Schafe«
1953 Deutscher Kritikerpreis
1958 EduardvonderHeydt-Kulturpreis der Stadt Wuppertal
1967 Georg-Büchner-Preis für das schriftstellerische Gesamtwerk
1972 Nobelpreis für Literatur
1974 Carl-von-Ossietzky-Medaille
Ehrenbürger der Stadt Köln
Professorentitel des Landes Nordrhein-Westfalen

Trude Herr (1927-1991)

Trude Herr war Schauspielerin, Sängerin und Theaterdirektorin ihres eigenen Theaters in Köln.

Trude Herr wurde am 4. Mai 1927 als Kind der Eheleute Agathe und Robert Herr in Köln geboren. Sie hatte noch zwei weitere Geschwister. Der Vater war Lokomotivführer und ein Mitglied der KPD. Aufgrund seiner politischen Überzeugung wurde Robert Herr in der Zeit von 1933–1945 immer wieder inhaftiert.
Als die Familie 1943 ausgebombt wurde, zog die kleine Trude mit Mutter und den beiden Geschwistern nach Hessen. Dort lebten die Herrs zwei Jahre und Trude arbeitete in einem Krankenhaus als Schreibkraft.

Aber sie hat höhere Ziele. Trude Herr will unbedingt Schauspielerin werden. Als der Krieg endlich vorbei ist, wirkt sie als Statistin an einer Aachener Wanderbühne mit. So erhält sie auch kleinere Rollen im Millowitsch-Theater. Mit ihrem Freund und Berater Gustav Schellhardt gründet sie 1945 die »Kölner Lustspielbühne«. Leider setzt sich dieses Projekt nicht durch. Nach einigen Aufführungen in Kölscher Mundart und von Kinderstücken geht die »Lustspielbühne« pleite. Um wieder zu Geld zu kommen, arbeitet Trude Herr einige Zeit als Bardame in einem Kölner Szenelokal.

Von 1950 an ist sie immer häufiger auf Veranstaltungen verschiedener Kölner Karnevalsvereine zu sehen. Ihr komisches Talent und ihre zur Schau gestellte Körperfülle sorgen für große Lacher und für viel

Applaus von Seiten des Publikums. Bei einem ihrer Auftritte wird sie von dem Chef des Kabaretts »Tingel-Tangel« in Berlin, Willi Schaeffers, entdeckt und sofort engagiert.
So wird sie einem breiteren Publikum bekannt. Mit ihrem Lied »Ich will keine Schokolade, ich will lieber einen Mann« landet sie ihren ersten Hit.

Als Ulknudel und oft auch als die dumme Dicke spielt sie in einigen Schmonzetten, die sich in dieser Zeit bei den Zuschauern großer Beliebtheit erfreuen, mit.
Trude Herr abonnierte auf die Rolle der doofen Dicken, überzeichnete aber in ihrer Darstellung so sehr, dass sie überzeugte. Die übergewichtige, nur 156 cm große Kölnerin fiel, als Randfigur in viel zu engen Kleidern, immer wieder aus dem biederen Rahmen.

Sie spielte in über 30 Filmen mit und hatte zahlreiche Auftritte in verschiedenen Fernsehsendungen.

Während einer Afrikareise 1969 lernt sie den Tunesier Ahmed M`Barek kennen, der ihr nach Deutschland folgt. Die beiden heiraten, die Ehe wird aber 1976 wieder geschieden.

Als Alternative zum alteingesessenen Millowitsch-Theater eröffnete Trude Herr 1977 auf der Severinstraße, in der Kölner Südstadt, ihr »Theater im Vringsveedel«. Trude Herr war in ihrem Theater als Produzentin, Autorin, Regisseurin, Schauspielerin, Sängerin und Kostümbildnerin tätig. Hier konnte sie ungehemmt ihr komödiantisches Talent unter Beweis stellen, sehr zum Vergnügen ihres Publikums. Ohne öffentliche Zuschüsse befand sich das Theater finanziell ständig mit einem Fuß am Abgrund. Deshalb und auch wegen zunehmender gesundheitlicher Probleme musste Trude Herr das Theater 1986 schließen.

Musikalischen Erfolg feierte die beliebte Künstlerin mit ihrem Album »Niemals geht man so ganz«. Internationale Hits wurden von ihr mit deutschen Texten versehen und ihre Gesangspartner waren Tommy Engel und Wolfgang Niedecken.
1988 erhielt Trude Herr das Bundesverdienstkreuz.
Trude Herr bekam immer größere gesundheitliche Probleme. Nicht zuletzt deswegen zog sie sich auf die Fidschi-Inseln zurück. Dort war sie aber nicht vollkommen untätig. Sie arbeitete an ihrer Biographie und widmete sich der Champignonzucht. 1991 kehrte sie mit neuem Elan wieder nach Köln zurück. Geplante Fernsehauftitte konnte die Künstlerin auf Grund ihres Gesundheitszustandes jedoch nicht mehr wahrnehmen.

Sie zog in den Süden von Frankreich, wo sie in dem kleinen Dorf Aix-en-Provence am 15. März 1991 an Herzversagen starb.
Trude Herr wurde auf dem Nordfriedhof in Köln beigesetzt.

Text zu ihrem Lied „Niemals geht man so ganz"

Wenn man Abschied nimmt
geht nach unbestimmt
mit dem Wind wie Blätter wehn.

Singt met Abschiedsleed
dat sich om Fernweh drieht
om Horizonte, Salz un Teer.

Wer singe Püngel schnürt
söök wo'e hinjehührt
hätt wie ne Zochvuel nit nur ei Zohuss.

Man läßt vieles hier
Freund ich danke dir
für den Kuss, den letzten Gruß.

Ich will weitergehn
keine Träne sehn
so ein Abschied ist lang noch kein Tod.

Niemals geht man so ganz
irgendwas von mir bleibt hier
es hat seinen Platz immer bei dir.

Wenn't och noch su sticht,
stutz die Flüjel nit
dämm, dä in de Käld kein Zokunft sieht.

Mach 'nem Vagabund
doch et Hätz nit wund,
fleech e Stöck met op singem Wäänsch.

Doch dann lass' mich los
sieh die Welt ist groß
ohne Freiheit bin ich fast schon wie tot.

Niemals geht man so ganz
irgendwas von mir bleibt hier
es hat seinen Platz immer bei dir.

Ich verspreche hier
bin zurück bei dir
wenn der Wind von Süden weht.

Ich saach nit „Lebwohl"
dat Woot dat klingt wie Hohn
völlig hohl. Maach et joot.

Sieh ich weine auch
Tränen sind wie Rauch
sie vergehn, dieser Käfig macht mich tot.

Nie verläßt man sich ganz
irgendwas von dir geht mit
es hat seinen Platz immer bei mir.

Liedtext von Trude Herr

Kölsches Grundgesetz

Artikel 1
Et es, wie et es.
Sieh den Tatsachen ins Auge.

Artikel 2
Et kütt, wie et kütt.
Habe keine Angst vor der Zukunft.

Artikel 3
Et hätt noch immer jot jejange.
Lerne aus der Vergangenheit.

Artikel 4
Wat fott es, es fott.
Jammere den Dingen nicht nach.

Artikel 5
Et bliev nix wie et wor.
Sei offen für Neuerungen.

Artikel 6
Kenne mer nit, bruche mer nit, fott domet.
Sei kritisch, wenn Neuerungen überhandnehmen.

Artikel 7
Wat wellste maache?
Füge dich in dein Schicksal.

Artikel 8
Maach et jot, ävver nit ze off.
Achte auf Deine Gesundheit.

Artikel 9
Wat sull dä Quatsch?
Stelle immer zuerst die Universalfrage.

Artikel 10
Drink doch ene met.
Komme dem Gebot der Gastfreundschaft nach.

Artikel 11
Do laachs de dich kapott.
Bewahre dir eine gesunde Einstellung zum Humor.

Artikel 12
Küste hück nit, küste morje.
Nur keine Eile.

Artikel 13
Bliev wie de bess.
Lass dich nicht verbiegen.

Typisch Köln

Das typisch Kölsche hat eine lange Tradition und ist aus der Geschichte der Stadt Köln erwachsen.

Die Kölner Altstadt, mit ihren kleinen Gässchen, und den »schiefen«, alten Häuschen, bietet gemütliche Gastlichkeit und jede Menge Kölsch. Das Kölner Bier wird in sogenannten »Stangen« serviert und am Besten gut gekühlt getrunken. In vielen Kölner Kneipen kann man die deftige Kölsche Küche, z.B. Halve Haan, Kölsche Kaviar, und vieles mehr genießen.
Die »kölsche Sproch«, ist zwar heute nur noch selten zu hören, jedoch kann der Kölner seinen Dialekt nicht vollständig verbergen. Alles in allem sind die Kölner ein stolzes Völkchen und sehr mit ihrer Heimatstadt verbunden. Jedes kleine Kind kann auch heute noch die Lieder von Willi Ostermann mitsingen und der Karneval steckt wohl jedem Kölner im Blut. Kölsch – ist eine Lebensart! Frohsinn, Heiterkeit und Gastlichkeit sagt man dem Kölner nach.
Manche Versprechungen werden aber auch gerne nur so dahingesagt, wenn das Herz überschäumt, aber letztendlich nicht eingehalten. Aber darüber ist niemand enttäuscht oder gar überrascht, so ist er eben – der Kölner!
Köln ist »Multi-Kulti«, was nicht zuletzt auf die Toleranz, aber auch auf die geschichtliche Vergangenheit der Kölner gegenüber andersartigen und fremden Kulturen zurückzuführen ist. Bereits die Ubier, Römer, Franzosen und Preußen fühlten sich in der Stadt am Rhein heimisch. Ihren Namen verdankt die Stadt Köln Agrippina, der Jüngeren, der Mutter des späteren Kaiseres Nero. Sie taufte die Stadt auf den Namen »Colonia Claudia Ara Agrippinensium«.

Kölsche Fasteleer

Der Kölner Karneval existiert fast so lange wie die Geschichte der Stadt selbst. Bereits die Griechen und Römer feierten Dionysos und Saturn zu Ehren ausgelassene Frühlingsfeste mit Wein, Weib und Gesang. Die Germanen feierten die Wintersonnenwende als Huldigung an die Götter und zur Vertreibung der bösen Winterdämonen. Später wurden diese Bräuche von den Christen übernommen, und die vorösterliche Fastenzeit wurde mit dem Karneval, carne vale = Fleisch, lebe wohl, eingeläutet.

Kölner Rosenmontagszug

Im Mittelalter uferten die Fastnachtsfreuden, die »Mummerei«, häufig aus, und auch Verbote von der Kirche und der Stadt konnten dem wilden Treiben kaum Einhalt gebieten.

Zu dem ausgelassenen Treiben kamen im 18. Jahrhundert die sogenannten »Redouten« nach venezianischem Vorbild mit Masken- und Kostümbällen hinzu, die zunächst von reichen Bürgern und dem Adel veranstaltet wurden. Die erste Redoute fand in Köln 1736 in einem Adelshaus am Neumarkt statt.

1736

Etwa 50 Jahre später wurde Köln von den französischen Revolutionstruppen eingenommen. Das närrische Treiben wurde jedoch von der neuen Obrigkeit geduldet, und erst die Preußen, die nach dem Abzug der Franzosen das Sagen hatten, versuchten, das ausgelassene Treiben zu ordnen und mit dem »Held Karneval«, dem heutigen Prinzen, eine Leitfigur zu schaffen.

1823

1823 gründete man das »Festordnende Komitee«, und am 10. Februar des gleichen Jahres fand der erste organisierte Rosenmontagszug unter dem Motto »Thronbesteigung des Helden Carneval« statt. Mit dabei waren unter anderem die Roten Funken, die einstigen Stadtsoldaten, der Prinz sowie der Kölner Bauer und die Jungfrau, die jedoch damals wie heute von einem Mann verkörpert wurde.
Nach der Gründung des Festkomitees entstand eine Karnevalsgesellschaft nach der anderen, und die Karnevalsbegeisterung der Kölner war nicht mehr zu bremsen. 1860 fand der erste Geisterzug am Abend des Karnevalssamstags statt und 1906 bekam der Prinz seine Prinzengarde.
Heute gibt es etwa 160 Karnevalsgesellschaften, Heimatvereine und Viertelgemeinschaften, die das ausgelassene Fest in circa 500 Sitzungen, Bällen und Umzügen feiern.

Die Session, die Sitzungsperiode, beginnt jedes Jahr am 11.11. um 11.11. Uhr und steigert sich schrittweise bis zum offiziellen Höhepunkt, dem Rosenmontagzug. An Weiberfastnacht um 11 Uhr 11 wird der Straßenkarneval eröffnet, ab diesem Zeitpunkt befindet sich die Stadt gewissermaßen in einem Ausnahmezustand, und in den Kneipen und auf den Straßen wird gefeiert, was das Zeug hält.

Der Karneval endet an Aschermittwoch, die meisten Karnevalsgesellschaften treffen sich an diesem Tag, als Ausklang, zum traditionellen Fischessen und läuten damit die Fastenzeit ein.
In der Geschichte des Kölner Karnevals fiel der Zug seit 1823 einige Male aus, zuletzt während des Zweiten Golfkrieges 1991.

Für die Stadt Köln ist der Karneval ein wichtiger Wirtschaftsfaktor. Hotels und Gastronomiebetriebe erleben eine Hochzeit, da es in dieser Zeit besonders viele Touristen nach Köln zieht.

Echt Kölnisch Wasser

Echt Kölnisch Wasser beziehungsweise Original Eau de Cologne ist die Bezeichnung für das typische Kölner Duftwasser. Im Gegensatz zu Eau de Cologne ist Original Eau de Cologne eine geschützte Herkunftsbezeichnung, die nur von Kölner Herstellern benutzt werden darf. Das bekannteste Duftwasser ist heute sicher die Marke 4711, der Name ist der Hausnummer des Stammhauses der Firma Muelhens GmbH & Co. KG in der Glockengasse entnommen.

4711

Etwas unbekannter und deutlich anders duftend ist Original Eau de Cologne der Firma Johann Maria Farina, deren Gründer im Jahr 1709 aus Ölen von Zitrone, Orange, Bergamotte, Mandarine, Limette, Zeder und Pampelmuse sowie verschiedenen Kräutern ein Duftwasser entwickelte, das er zu Ehren seiner Heimatstadt

1709

4711 Flakon

»Eau de Cologne« nannte und das noch heute nach unveränderter Rezeptur hergestellt wird.
Die Marke wird heute in der achten Generation fortgeführt und ist die älteste Eau-de-Cologne- und Parfümfabrik der Welt. Ihr Zeichen ist eine rote Tulpe.

1685 Johann Maria Farina, auf Italienisch Giovanni Maria Farina, wurde am 8. Dezember 1685 in Santa Maria Maggiore in Italien geboren und starb am 25. November 1766 in Köln. Sein Grab befindet sich auf dem Melatenfriedhof in Köln.

Der Heinzelmännchen-Brunnen

Der Sage nach sind die Heinzelmännchen kleine Kölner Hausgeister, die nachts, wenn die Bürger schlafen, Arbeiten für sie verrichten. Werden sie jedoch entdeckt, verschwinden sie für immer. Die Sage erscheint erstmals 1826 in einem Werk des Kölner Schriftstellers Ernst Weyden, populär wurde sie 1848 in einer Gedichtfassung des Dichters und Malers August Kopisch. 1826

Der Heinzelmännchenbrunnen wurde 1899 vom „Cölner Verschönerungsverein" zum 100. Geburtstag von August Kopisch gestiftet; gestaltet wurde er im Stil der volkstümlichen Gotik von Edmund und Heinrich Renard.
Der Brunnen liegt mitten in der Innenstadt in unmittelbarer Nähe des Brauhauses Früh.

Die Heinzelmännchen (Gedichtfassung)

(Auszug)

Wie war zu Cölln es doch vordem
mit Heinzelmännchen so bequem!
Denn war man faul, ... man legte sich
hin auf die Bank und pflegte sich.
Da kamen bei Nacht, eh' man's gedacht,
die Männlein und schwärmten
und klappten und lärmten
und rupften und zupften
und hüpften und trabten
und putzten und schabten –

und eh ein Faulpelz noch erwacht,
war all sein Tagwerk ... bereits gemacht! ...
Die Zimmerleute streckten sich
Hin auf die Spän' und reckten sich.
Indessen kam die Geisterschar
Und sah, was da zu zimmern war.
Nahm Meißel und Beil
Und die Säg' in Eil;
Und sägten und stachen
Und hieben und brachen,
Berappten
Und kappten,
Visierten wie Falken
Und setzten die Balken ...
Eh sich's der Zimmermann versah ...

Die Kölner Heinzelmännchen

Kölsch –
Das Kölner „Nationalgetränk"

Kölsch ist ein helles, hopfenbetontes, obergäriges Vollbier und hat einen durchschnittlichen Alkoholgehalt von 4,9 Prozent. Kölsch, wie es heute gebraut wird, gibt es erst seit ungefähr hundert Jahren, gebraut wurde in Köln jedoch schon seit dem 9. Jahrhundert. Mit dem heutigen Kölsch hatte das Resultat jedoch nicht viel gemeinsam. Das Getränk wurde Gruit-Bier, Kräuterbier, genannt. Da Hopfen seinerzeit noch unbekannt war, verwendete man zur Herstellung verschiedene Kräuter, Wurzeln oder Eichenrinde. Ab dem 15. Jahrhundert wurde dann zum Bierbrauen Hopfen verwendet, welcher das Bier schmackhafter und haltbarer machte.

Kölsch, wie man es heute genießen kann, wurde erst ab Ende des 19. Jahrhunderts gebraut und mit dem Begriff »Kölsch« erstmals im Jahr 1918 beworben. 1918

Das typische Kölschglas, auch »Stange« genannt, ist von zylindrischer Form, relativ dünnwandig und hat einen Inhalt von 0,2 Liter. Größere Gläser sind bei Kölschtrinkern nicht besonders beliebt, da das Bier nach dem Einschenken schnell verschalt und damit seinen frischen Geschmack und auch seine Schaumkrone verliert. In einigen traditionellen Kneipen wird darum hin und wieder auch noch das halbe Kölsch, das sogenannte »Stößchen«, angeboten, dessen Inhalt man in einem Zug leeren kann. Serviert wird das Kölsch in den Kölner Brauhäusern von einem Kellner, der auf den Namen »Köbes« hört. In den meisten Kölner Brauhäusern bringt er dem Gast unaufgefordert ein neues Glas, bis er einen Bierdeckel obenauf legt oder die Rechnung verlangt. Der Köbes trägt traditionell eine blaue Leinenschürze mit einer ledernen, umgeschnallten Geldtasche. »Köbes« ist die kölsche Form von Jakob, bezeichnet jedoch in seiner Nebenbedeutung einen eigensinnigen, kantigen Mann. Er serviert das Kölsch seit etwa Ende des 19. Jahrhunderts in einem sogenannten Kranz, einem Behältnis, in dem bis zu 18 Stangen transportiert werden können.

Ein leckeres Kölsch

Typisch Kölsche Rezepte

Die Geschichte vom »Halven Hahn«

Unter einem »Halven Hahn« versteht man in Köln ein Roggenbrötchen, auch Röggelchen genannt (dabei handelt es sich um ein doppeltes Brötchen, das besonders dunkel gebacken wurde), welches in der Regel gut mit Butter bestrichen und mit einer dicken Scheibe mittelaltem Holländer belegt wird, dazu werden Senf und in Ringe geschnittene Zwiebeln serviert. Das Gericht wird in fast allen Kölner Brauhäusern und Kneipen angeboten.
Zu dem Ursprung des Namens gibt es verschiedene Theorien. Eine davon erzählt, dass anlässlich eines Hochzeitsessens für alle Gäste

»Halver Hahn«

ein halbes Hähnchen bestellt wurde. Es stellte sich aber heraus, dass der Gastgeber nicht genug Geld hatte, und der Wirt rechnete ihm vor, dass der vorhandene Geldbetrag nur für Käsebrötchen reichen würde.

Eine andere Überlieferung besagt, dass der Halve Hahn ein Pausenbrot für den Köbes sei, welches eingenommen wurde, wenn der Inhalt des Kölschfasses nur noch bis zur Höhe des Hahnes reichte. Eine weitere Theorie berichtet von einer falsch aufgenommenen Bestellung, indem der Gast den Wirt darauf aufmerksam machte, »Äaver ich will doch bloß ne halve han« (»Aber ich möchte doch bloß ein Halbes haben«). Mit der Teilung des Röggelchens entstand somit ein neues Gericht, der »Halve Hahn«, zu dem in jedem Fall ein frisches Kölsch gehört.

Halver Hahn

Rezept für 4 Personen:

Zutaten:
4 Roggenbrötchen
4 Scheiben mittelalter Holländer, 1 cm dick geschnitten
80 g Butter
4 Tl Scharfer Mostert (scharfer Senf)
2 mittelgroße Zwiebenl, in Ringe geschnitten

Zubereitung:
Die Röggelchen halbieren, beide Hälften mit Butter bestreichen, mit dem Käse belegen und auf Tellern anrichten. Auf jeden Teller etwa 1 Tl Senf geben und die Zwiebelringe dazugeben.

Kölsche Kaviar

Das herzhafte Gericht hat auch nicht im Entferntesten mit Kaviar zu tun, vielmehr handelt es sich um einen Imbiss, bestehend aus Blutwurst (Flönz), Zwiebel, Röggelchen, Butter und einem Klecks Senf. Das Gericht ist typisch für die Kölner Brauhäuser und Kneipen, wo wahrscheinlich auch die Namensgebung stattfand, weil man gerne Wichtigtuerei und Vornehmheit verulkte.

Rezept für 4 Personen:

Zutaten:
1 Kranz Blutwurst
2 mittelgroße Zwiebeln, in feine Ringe geschnitten
4 Röggelchen
4 Tl Senf

Zubereitung:
Die Blutwurst aus der Haut pellen, schräg in Scheiben schneiden und auf Tellern anrichten. Die in Ringe geschnittenen Zwiebeln und die Röggelchen sowie einen Klecks Senf dazugeben. Dazu schmeckt ein frisch gezapftes Glas Kölsch.

Kölsche Aädäppelzupp

Für 4 Personen
Zubereitungszeit: 30 Minuten
Kochzeit: 30 Minuten

Zutaten:
1 kg Kartoffeln
1 Bund Suppengemüse
1 Zwiebel
100 g magere Speckwürfel
1 l Gemüsebrühe
Salz, Pfeffer, Majoran
1 Becher saure Sahne

Zubereitung:
Die Kartoffeln schälen, waschen und in kleine Würfel schneiden.
Das Suppengemüse putzen, waschen und in kleine Stücke schneiden.
Die Zwiebel schälen und in kleine Würfel schneiden.
Den Speck in einer Pfanne ausbraten.
Die Gemüsebrühe in einem großen Topf aufkochen lassen und die Kartoffeln und das Gemüse hineingeben. Kurz aufkochen lassen und dann bei mittlerer Hitze etwa 25 Minuten kochen lassen. Abschließend mit Salz, Pfeffer und Majoran abschmecken und die saure Sahne mit den Speckwürfeln einrühren.

Die Kartoffelsuppe in tiefe Teller füllen und mit den Schnittlauchröllchen garniert servieren.

Die Autoren:

Klaus Teuber
Zeit seines Lebens (58 Jahre) Rheinländer und den regionalen Traditionen Kölns und des Rheinlandes verpflichtet.
Er ist Autor zahlreicher nationaler und internationaler Publikationen zu den verschiedensten Themenbereichen.

Henriette Ruhm
Geboren im Severinsviertel und damit ein »echt kölsches Mädchen«, ist sie der Inbegriff des »Kölschtums«.
Die Kölner Geschichte, die Kölschen Traditionen und das Brauchtum sind ihr Spezialgebiet und eine Verpflichtung.
Sie verfasste in den letzten Jahren verschiedenste Bücher über Köln sowie das »Das kölsche Kochbuch«. Ihr Moto: »Einmal Kölner immer Kölner«

Peter Cramer sen.
Als gebürtiger Kölner und Erdkundelehrer beschäftigt er sich seit 65 Jahren mit der Geschichte der Stadt Köln. Zahlreiche Schülergenerationen können davon ein »Liedchen« singen.
In den vergangenen Jahren hat Peter Cramer sen. mit verschiedensten Veröffentlichungen über Köln und das Rheinland, die Aufmerksamkeit der Kölner und Nichtkölner auf die Geschichte seiner Stadt gelenkt.

Kölsch-Lexikon

A

Äädäppel	Kartoffeln
Äädäppelschloot	Kartoffelsalat
Aanfang	Anfang
Aap, Aape	Affe, Affen
Aapefott	Affenhintern
Aasch	Gesäß, Hintern
Aaschkröffer	Speichellecker
Aaschloch	Arschloch
adjö	Adieu
Adventszick	Adventzeit
Afjang	Abgang
Afjehove	abgehoben
Afkratze	abkratzen („sterben")
afmöde	abmühen
afschnigge	abschneiden
aftrigge	abstreiten
ahl Möhn	alte Frau
ahle Bemm	spöttisch für „alter Mann"
Ähzezäller	Pedant, Erbsenzähler
Arangemang	Vereinbarung

B

Beß, Bestemo	Großmutter
Bäätes	Albert
Backes	Bäckerei
Bap	Vater
bedresse	schlecht, betrogen
beschummele	übervorteilen

betuppe	betrügen
Blömcheskaffee	dünner Kaffee
Botteramm	Butterbrot
Brotäpel	Bratkartoffeln
Brüdche	Brötchen
Butzelche	kleines, kräftiges Mädchen
Bützje	Küßchen

D

Daach	Dach
Daachfinster	Dachfenster
Danzmarieche	Tanzmariechen
Dillendopp	Kreisel
Dönndreß	Durchfall
Dresser	kleiner Junge
Düx	Deutz (Kölner Stadtteil)

E

Eierkopp	Eierkopf
Elferrot	Elferrat bei Karnevalssitzungen
Enjemahts	Eingemachtes
enjebildt	eingebildet
enseife	übervorteilen
Entefott	Entenhintern
exküseere	entschuldigen
explizeere	erklären (sich streiten)

F

Faasdaach	Festtag
Familich	Familie
Ferkeserei	Sauerei

Fierovend	Feierabend
Fisematentche	unnützes Getue
Fisternöllche	heimliches Verhältnis
Flitscheboge	Pfeilbogen
Flönz	Blutwurst
Fodekaat	Speisekarte
Fressklötsch	gefräßiger Mensch
Futzkamesoll	kurze Jacke

H

Halsavschnigger	Halsabschneider
halv	halb
halven Hahn	Roggenbrötchen mit altem Holländer Käse
Hämmche	Hinterkeule vom Schwein
Hätzblättche	Liebling
Heiermann	Fünfmarkstück
Hirringschlot	Heringssalat
Höhnerföttche	Hühnerninter
Höppekrat	Frosch
Huusmeister	Hausmeister

I

Iesebahn	Eisenbahn
Iggelch	aufgeregt, ungeduldig
Ihremetjlied	Ehrenmitglied
Imi	Zugezogener
inspireere	inspirieren
Irm, Irmche	Irmgard
iwich	ewig

J

Joode Naach	Gute Nacht
Jadezung	Gartenzaun
Jraupezupp	Graupensuppe
Jrielächer	heimlicher Spötter
Jrönsele	Stachelbeere
Jroßvatter	Großvater
Juffer	Jungfrau
Jurk	Gurke
Juze	jauchzen

K

Kackaasch	kleiner Junge
Kaffeköppche	Kaffetasse
Kanonenstoppe	kleine, gedrungene Person
Kappes	Kohl, bzw. Unsinn
Kaschämm	Spelunke
Klätschauch	Triefauge
Klüngel	geschäftliche Absprachen unter Bekannten
Kniesbüggel, Knieskopp	Geizhalz, Geizkragen
Köbes	kölscher Ober
Kölsch	obergäriges Bier
krabitzisch	zänkisch
Krätzjesmächer	Spaßvogel

L

Lappührche	kleiner Nebenverdienst
Lööchtepol	Laternenpfahl
Löstich	lustig
Lotterbov	Lümmel, Taugenichts

Luure	schauen, gucken
Luus	Laus
Luuter	lauter

M

Maat	Markt
Malör	Missgeschick, Unglück
Mamm	Mutter
Mettbrütche	Mettbrötchen
Möckepeß	sehr feiner Regen
Möhn	Tante, alte Jungfrau
Molestre	Beschwerden, Verdruss
Möpp	Hund, unangenehmer Mensch
Mösch	Spatz
Muuze (mändelche)	Mandelgebäck
Muuzepuckel	Griesgram

N

naaks	nachts
Naachspunje	Nachthemd
Nohbersssschaft	Nachbarschaft
nohkaate	nachkarten
Nommedach	Nachmittag
Nöttelhans	Zänker, Nörgler
Nüggel	Schnuller
Nüssele	(Klein-) Geld

O

Öllich	Zwiebel
ömesöns	umsonst
Ooß	Ochse, Dummkopf

Opnemmer	Aufnehmer, Putzlappen
Ottekologne	Eau de Cologne
Ovendsklock	Abendglocke
Ovverstüvvje	Oberstübchen, Kopf, Verstand

P

Pääd	Pferd
Pädsappel	Pferdeapfel
Paraplü	Regenschirm
Pärplex	überrascht
Paveier	Straßenpflaster
Pennbroder	Obdachloser
Pitter	Peter, Petrus
Pittermännche	10 Liter Fässchen Kölsch
Plüschpromm	Pfirsich
Pöllche	Hühnchen
Pröll	alter Plunder
Prumme	Pflaumen
Prummezupp	Pflaumensuppe
pusseeren	liebkosen

Q

Quallmann	Pellkartoffel
Quasselkopp	Schwätzer
Quetchebüggel	Akordeon
Quetschetaat	Pflaumenkuchen
Quisel	bösartige, gehässige Frau

R

raderdoll	überdreht, verrückt
rähn	Regen

Rähndroppe	Regentropfen
Rähnkall	Dachrinne
randaleere	lärmen
Rievkooche	Reibekochen
Röggelche	Roggenbrötchen
Rusemondaach	Rosenmontag
Rusing	Rosine
Ruttel	Wärmflasche

S

Schaaf	Schrank
Schabau	Schnaps
schänge	schimpfen
Schängeleerswööder	Schimpfwörter
Schäselong	langer Stuhl, Sofa
Scherv	kleines Mädchen
Schmölzje	Verein, Gruppe
Schnurres	Schnurrbart
Schnüss	Mund
Schwaadlappe	jemand der viel redet
Sippschaft	Verwandtschaft
Speimanes	Figur aus dem Hänneschen-Theater (jemand der beim stottern spuckt)
Sprüütcher	Rosenkohl
Stippeföttche	Tanz zu Karneval
Suurbrode	Sauerbraten

U

Undauch	Taugenichts
Urjel	Orgel
urze	den Teller nicht richtig leer essen

umerjele	abmagern
uuze	necken, foppen
üvverall	überall
üvvermödlich	übermütig

V

Vatter, Vader, Va	Vater
Veedel	Viertel
verjöcke	Geld verschwenden
verkamesöle	verhauen
verjuckele	verschwenden
vermassele	eine Sache verderben
Visaasch	Gesicht
Visitt	Besuch
Vuel	Vogel
Vürwetznas	Vorwitznase

W

Weech	Mädchen
Weetschaff	Wirtschaft
Wibbelstätz	lebhaftes Kind
Wieverfastelovend	Weiberfastnacht
Woosch	Wurst
Wunnjemeinschaf	Wohngemeinschaft

Z

zabbele	zappeln
Zijar	Zigarre
Zinte Määtes	St. Martin
ziddere	zittern
Zupp	Suppe

Register

A

Aädäppelzupp 148
Adenauer; Konrad 119
Agnesviertel 41
Agrippinia die Jüngere 110
Alter Markt 99

B

Bayenthal 42
Belgisches Viertel 43
Blutwurst 147
Böll, Heinrich 127

D

Dom 61 ff.
Deutz 45
Deutzer Brücke 88
Dreikönigsschrein 67

E

Eau de Cologne 139 f.
Ehrenfeld 47
Eigelstein 47

F

Farina, Johann Maria 139 f.
Franzosen 25

H

Halven Hahn 145 f.
Hänneschen-Theater 108
Heinzelmännchen-Brunnen 141
Herr, Trude 130
Heumarkt 99
Hohenzollernbrücke 86

K

Karneval 136 ff.
Kirchen 61 ff.
Kölnisch Wasser 139 f.
Kölsche Fasteleer 136 ff.
Kölsches Grundgesetz 134
Kölsch (Getränk) 143
Kölsche Kaviar 147
Kölsch-Lexikon 150
Kwartier Lateng 48

L

Leverkusener Brücke 95
Lysolphturm 99

M

Marienburg 49
Martinsviertel 50
Millowitsch-Theater 106
Millowitsch, Willy 123

Mittelalter 20
Mülheim 51
Mülheimer Brücke 82

N

Nachkriegszeit 39
Nationalsozialismus 36
Nippes 53
Nordtor 97

P

Philharmonie 103
Poll 54
Praetorium 97
Preußen 25

O

Offenbach, Jacques 104
Opernhaus 104
Ostermann, Willi 116

R

Rheinbrücken 82 ff.
Rodenkirchener Brücke 93
Römerturm 98

S

Schauspielhaus 105
Severinsbrücke 89
St. Aposteln 73
St. Gereon 76
St. Martin 80
St. Severin 81
St. Ursula 68
Südbrücke 91
Südstadt 57

U

Ubiermonument 99
Ubier 13

V

Veedel (Viertel) 41 ff.

W

Wallraf, Ferdinand Franz 112
Wasserleitung, römische 98
Weltkrieg 31 ff.
Wiederaufbau 39 ff.
Wappen 17 ff., 72

Z

Zoobrücke 84

Bildnachweis

© Fotolia
Seite: 10, 31, 55, 88, 90, 91, 92, 136

© Regionalia Verlag
Seite: 8, 15, 20, 21, 23, 25, 29, 41, 43, 44, 45, 46, 48, 49, 51, 52, 54, 56, 57, 59, 60, 68, 73, 77, 80, 81, 96, 97, 98, 103

© agilarchiv
Seite: 16, 17, 18, 19, 26, 28, 32-33, 35, 38, 62, 64, 74, 86, 93, 94, 104, 106, 109, 112, 114, 119, 123, 127, 130, 138, 142, 144, 145, 147

© Pressearchiv 4711
Seite: 139

Pixelio:
Seite 82: © uli p. / Pixelio
Seite 84: © Gerd Franke 7 www.ebertplatz.de

Wikipedia Commons:
Seite: 27,71